VON **CHRISTIAN KRUG (HRSG.)**
MIT **MARSHALL TERRILL**

# MEIN McQUEEN

## BARBARA McQUEEN
### ÜBER DEN
## MANN HINTER DEM
### MYTHOS

MEIN McQUEEN
Barbara McQueen über den Mann hinter dem Mythos


EDITION CAMPFIRE


Erweiterte Taschenbuchausgabe
März 2014
Alle Rechte vorbehalten.
© 2010 by Ankerherz Verlag GmbH, Hollenstedt

Die übersetzten Passagen entstammen dem Buch „The Last Mile" von
Marshall Terrill und Barbara McQueen, erschienen 2007 bei Dalton Watson Fine Books,
Chicago, USA.
Der Abdruck erfolgt mit freundlicher Genehmigung des Originalverlags.

Herausgeber: Christian Krug, Hamburg

Text: Christian Krug, Hamburg, und Marshall Terrill, Tempe, Arizona, USA
Titelbild und Fotografien im Innenteil: Barbara McQueen, Idaho, USA
Umschlag- und Reihengestaltung: Ana Lessing, Berlin
Gestaltung und Satz: Florin Preußler, Berlin
Herstellung: Sieveking · Agentur für Kommunikation, München
Illustrationen: Dieter Jüdt, Berlin
Papier: Munken Pure, Munkedal

Druck und Bindung: CPI – Clausen & Bosse, Leck
Printed in Germany

Bibliografische Information der Deutschen Nationalbibliothek
Die Deutsche Nationalbibliothek verzeichnet diese Publikation in der Deutschen
Nationalbibliografie; detaillierte bibliografische Daten sind im Internet über
http://dnb.dnb.de abrufbar.

Ankerherz Verlag GmbH, Hollenstedt
info@ankerherz.de
www.ankerherz.de

ISBN: 978-3-940138-72-9

## JUST TWO
*Barbara McQueen*

If I had to think of two.
I'd always come back to me and you,
The old blue truck
The things we'd do
Me and you
Just two.

# MEIN McQUEEN
DER MANN HINTER DEM MYTHOS

| | | |
|---|---|---|
| 16 | **PROLOG**<br>Ketchum, Idaho | |
| 28 | **KAPITEL 1**<br>Beverly Wilshire Hotel, Los Angeles | |
| 42 | **KAPITEL 2**<br>Schüsse in der Nacht | |
| 56 | **KAPITEL 3**<br>King of Cool mit Dauerwelle | |
| 64 | **KAPITEL 4**<br>Cowboy | |
| 78 | **KAPITEL 5**<br>Der Himmel über Santa Paula | |
| 94 | **KAPITEL 6**<br>Spielzeug | |
| 106 | **KAPITEL 7**<br>Die Ranch | |
| 114 | **KAPITEL 8**<br>Sein letzter Film | |
| 122 | **KAPITEL 9**<br>Glaube, Diagnose, Hoffnung | |
| 132 | **KAPITEL 10**<br>Hochzeit mit Gewehren | |
| 142 | **KAPITEL 11**<br>Fliegender Farmer | |
| 154 | **KAPITEL 12**<br>Mexiko | |
| 176 | **EPILOG**<br>Leben, danach | |
| 185 | **ANHANG I**<br>Zeittafel Steve McQueen | |
| 188 | **ANHANG II**<br>Einige Filme, die Steve McQueen ablehnte | |

„Ein Jahrhundert zu spät geboren": Steve McQueen als Kopfgeldjäger in seiner letzten Rolle.

„Wenn Pferde lernen, Martinis zu bestellen, werde ich vielleicht lernen, Pferde zu mögen." McQueen als Cowboy in *Ich, Tom Horn*.

McQueen startklar in seiner *Pitcairn Mailwing,* einer Rarität, um die ihn Flugzeugenthusiasten beneideten.

PROLOG
# KETCHUM, IDAHO

**D**er Winter war lang und streng, und auf den Bergen hinter ihrem Haus liegt noch der Schnee. Das Haus steht in einem Dorf namens Ketchum, neben einer Straße, die weiter in die Wälder führt und tief hinein in die Rocky Mountains. Mehr als sechs Stunden dauerte die Fahrt vom Flughafen hierher, immer Richtung Norden auf der *Interstate 75,* erst durch weite Kartoffelfelder, dann durch die Prärie von Idaho. Es ist ein Holzhaus, zwei Stockwerke hoch, davor parkt ein schwarzer Hummer H2; im Rasen des Vorgartens stecken die *Stars and Stripes,* die Farben Amerikas. Dieses Haus ist auch ein Versteck.

„Wer sind Sie? Was wollen Sie hier?" – Eine schlanke Frau mit dunklen, langen Haaren erscheint in der Eingangstür. Neben ihr bellt ein Labrador und wirft sich gegen das Fliegengitter. Willkommen in der Welt von Barbara McQueen.

Sie öffnet die Tür. Der Hund schießt aus dem Eingang und springt mich an. Sie sagt: „Der tut nichts." Ich bin nicht sicher, ob der Hund das auch weiß. Sie ruft ein Kommando und lacht dabei. Offensichtlich wollte sie meine Reaktion testen. Der letzte Eignungstest für unser Gespräch?

Seit fast dreißig Jahren hat Barbara McQueen es abgelehnt, mit Journalisten über ihren Mann zu reden. Sie hat sich selten öffentlich geäußert, egal, was in den Zeitungen stand. Steve sollte ihr Steve bleiben, ihr McQueen. „Ich wollte ihn für mich haben, wollte meine Erinnerungen an unsere gemeinsame Zeit nicht teilen", sagt sie. Für die Öffentlichkeit mag er ein Mythos sein, eine Legen-

„Vielleicht ist es Zeit, die Dämonen der Vergangenheit herauszulassen." Barbara McQueen

de, ein amerikanischer Rebell, der *King of Cool,* der noch heute Mode und Popkultur beeinflusst. Für sie aber, seine letzte Frau, bedeutet er viel mehr: Er ist die Liebe ihres Lebens.

Barbara McQueen ist eine scheue Frau, sie ist vorsichtig, und sie hat das Gefühl, dass sie sich schützen muss. In einer Vitrine stehen drei Gewehre, ein Bärentöter, eine Schrotflinte. Unter ihrem Kopfkissen, das wird sie später erzählen, liegt stets ein schussbereiter Colt, Kaliber 38. In der Küche findet man Pfefferspray-Dosen, überall im Haus sind Signalsirenen verteilt. Sie wohnt nicht in Malibu oder irgendwo sonst in Kalifornien oder Florida, sondern in Ketchum, Idaho, einem Dorf in den Bergen, in dem Fußgänger angehalten sind, rote Signalfähnchen zu nehmen, bevor sie die Straße queren, und Fremde hinter zugezogenen Gardinen beobachtet werden.

Barbara McQueen war einmal eine der schönsten Frauen, die von den Titelblättern der größten Magazine lächelte. Ihre Geschichte, ihre Beziehung zu Steve McQueen war ein modernes Märchen, wie geschrieben für die Klatschspalten. Sie: das Supermodel. Er: der bestbezahlte Schauspieler seiner Zeit. Sie lernte ihn kennen, als er bereits der größte Filmstar der Welt war, berühmt aus Filmen wie *Die glorreichen Sieben, Gesprengte Ketten, Bullitt, The Getaway, Thomas Crown ist nicht zu fassen* oder *Papillon*. 28 Filme hat McQueen in 22 Jahren gedreht. In den gemeinsamen vier Jahren sollten es zwei sein: *Ich, Tom Horn* und *Jeder Kopf hat seinen Preis*.

Wer McQueen ein Drehbuch schickte, musste einen Scheck über 50.000 Dollar beilegen. Wenn es ihm nicht gefiel, durfte er den Scheck trotzdem einlösen. Für die Mühe. Lesen strengte ihn an. Wenn er den Film machen wollte, garantierte ihm der Filmproduzent mindestens drei Millionen Dollar Gage, das war der Steve-McQueen-Deal, den jeder in Hollywood kannte. Und trotzdem kam jeden Monat mindestens ein Drehbuch, das er las, ablehnte und kassierte. Niemand sonst hatte diese Macht. Er wusste: Filme mit ihm als Star waren wie eine Währung, zuverlässig und hart wie seinerzeit der US-Dollar.

Doch jener Steve McQueen, den Barbara Minty, 24 Jahre alt, Tochter eines Farmbesitzers aus Oregon, am 4. Juli 1977 kennen lernte, hatte kein großes Interesse mehr an Hollywood. Er wollte noch mal seinen eigenen Traum leben, ein ganz neues Leben beginnen, wollte unerkannt durch die Weite Amerikas fahren, mit seinen Kleinlastern und Motorrädern. Er wollte Fliegen lernen und mit Freunden Bier trinken, sagt sie. „Er wollte einfach nur ein Mann sein."

Warum hat sie so lange geschwiegen? Über das Leben an seiner Seite und seinen rätselhaften Tod? 1980 starb McQueen an einer Krebserkrankung, in einer obskuren Klinik in Mexiko. Sein behandelnder Arzt war ein selbsternannter Wunderdoktor, der die Krankheit und ihre Metastasen mit einer homöopathischen Kaffee-Therapie besiegen wollte. McQueen glaubte an ihn. Doch was geschah wirklich in den Stunden nach der Tumoroperation, die die Wende bringen sollte? War er noch einmal wach? Ging es ihm plötzlich wieder blendend, wie viele Biografen bisher berichten? Hat er sogar Scherze mit den Schwestern gemacht? Von großen Plänen soll er gesprochen haben, von neuen Filmen.

Hartnäckig halten sich deshalb Mordgerüchte, die sich auf angeblich verlässliche Augenzeugen berufen. Er sei getötet worden, weil die alternative Krebstherapie in Mexiko erfolgreich gewesen sei, und das hätten die Schulmediziner Amerikas nicht zulassen können. Gab es Menschen in der Klinik, die verhindern sollten, dass er sie gesund verließ?

Barbara McQueen kennt die Antwort. Sie war bei ihrem Mann, als er aus der Narkose aufwachte. Sie war die letzte Person, mit der er sprach. Doch bisher hat sie dazu geschwiegen: „Ich habe dazu noch nie etwas gesagt und ich werde dazu nichts sagen." Neben dem Hund, den Waffen, dem Pfefferspray und den Signalsirenen ist nun dieser Satz zwischen uns. Hier ist eine Linie, eine Grenze, die niemand überschreiten darf. „Verstehen Sie das? Dieser Moment gehört Steve und mir", sagt sie, „uns ganz alleine."

Am Ende unserer gemeinsamen Zeit in Ketchum, nach Tagen, an denen wir morgens anfingen, über Steve McQueen zu sprechen, und erst nach Mitternacht damit aufhörten, reden wir doch über seinen Tod. „Vielleicht ist es Zeit, die Dämonen der Vergangenheit herauszulassen", sagt sie. Und zeigt mir etwas, das sie vorher noch niemandem gezeigt hat: Die Hochzeitsbibel, die Steve und sie von seinem Fluglehrer Sammy Mason geschenkt bekommen hatten. „Ich habe sie manchmal an mein Herz gedrückt und bin mit ihr durch das Haus gegangen. Da war er immer ganz nah bei mir. Dieses Buch ist vielleicht das persönlichste Stück, das uns beide verbindet." Dann blättert sie die Bibel auf und streicht über die Seite, auf die ihre Eheurkunde geklebt ist.

Auch nach vielen Jahren fällt es Barbara McQueen schwer, über ihren Mann zu reden. Sie erzählt zwar gerne Anekdoten, sie lacht dabei viel und manchmal auch zu laut, sie amüsiert sich über seinen Humor und seine knochige, trockene Art. Aber die ernsten Themen ihrer Ehe lässt sie am liebsten weg. Steve McQueen konnte ein ruppiger Typ sein, mit dem man schnell in Streit geriet. Die Witwe Barbara verpackt ihre Erinnerung daran lieber in eine niedliche Geschichte: „Steve wusste, ich liebe Kätzchen. Und immer, wenn wir uns sehr gezankt haben, kam er mit einer auf dem Arm zu mir. ‚Hier ist ein Kätzchen für dich', sagte er dann nur." Sie macht eine lange Pause, dann sagt sie: „Als er starb, hatte ich dreizehn Stück."

Barbara McQueen war seine dritte Ehefrau. Mit der ersten, Neile, die er 1958 heiratete, zeugte er eine Tochter und einen Sohn, Terry und Chad. 1970 zerbrach die Ehe unter tragischen Umständen. Er betrog sie, sie betrog ihn – am Ende schlugen sie sich und Neile wollte die Scheidung. Steve drehte den Film *The Getaway* mit

Ali MacGraw und verliebte sich dabei in seine Filmpartnerin. Sieben Jahre später hielt er es auch mit Ali nicht mehr aus. Und er betrog sie mit Barbara.

1977 war das, als Barbara auf dem Höhepunkt ihrer Modelkarriere angelangt war. Er wollte sie kennen lernen, sie kam. So ging es ständig in seinem Leben. Er wollte etwas, seine Leute organisierten – und er bekam seinen Willen. Doch Barbara, damals halb so alt wie er und eigentlich als Sex-Trophäe vorgesehen, blieb an seiner Seite, bis er starb. Völlig überfordert von der Situation, fast noch ein Kind, durchlebte und durchlitt sie Monate, in denen aus dem starken, charismatischen Mann, den sie kennen gelernt hatte, ein sterbenskranker Patient wurde.

Dieses Buch handelt von dieser gemeinsamen Zeit. Von *The Last Mile,* der letzten Meile seines Lebens, wie sie es nennt. Der amerikanische Biograf Marshall Terrill, der als der versierteste Experte für Steve McQueen gilt, half ihr dabei, ihre Erinnerungen aufzuschreiben. Diese Passagen sind im Folgenden kursiv und farbig abgesetzt – und von Barbara McQueen autorisiert worden. Für den allgemeinen Teil der Erzählung unterhielten wir uns viele Tage lang in ihrem Haus in Ketchum, in dem sie zurückgezogen lebt. „Mein McQueen" ist keine Biografie, sondern eine Liebesgeschichte. Sie ist subjektiv und lückenhaft. Barbara McQueen verschweigt uns manches, was sie als zu privat, zu intim empfindet – und öffnet sich doch mehr als jemals zuvor. Sie lässt sich Zeit mit ihren Erinnerungen, entdeckt noch heute immer neue Seiten an ihm. Sie schaut keinen seiner Filme an, höchstens ein paar Minuten, weil sie es nicht aushält. „Ich kann damit noch immer nicht umgehen", sagt sie. „Es tut weh." Jahrzehntelang hielt sie die über 400 Fotos unter Verschluss, die sie von Steve geschossen hat. Nun findet sie, dass es an der Zeit ist, sich zu öffnen und ihre Geschichte zu erzählen. „Er ist der Mann meines Lebens", sagt sie. „Sie werden nichts von mir hören, was ihm schadet. Ich weiß Dinge von ihm, da rollt es Ihnen die Fußnägel hoch. Aber die werde ich nie erzählen. Nicht solange ich lebe."

Sie springt auf, läuft ins Zimmer nebenan, in dem sich ein Safe befindet, und kommt mit einer Plastiktüte zurück. Man erkennt Polaroidfotos, Papiere, Briefe, Verträge, Schmuck. „Meine Lebensversicherung", sagt sie, „diese Tüte würde meine Hypothek auf einen Schlag bezahlen." Diese Tüte ist ihr Schatz. Sie nestelt ein Polaroid aus der Schutzhülle. „Nicht abfotografieren, versprochen?" Das Bild zeigt, natürlich, Steve McQueen. Und zwar in einer Situation, in der man nicht häufig gezeigt wird, weil man gewöhnlich die Tür hinter sich abschließt.

Barbara McQueen ist eine lebenslustige Frau. Der Alkohol hat ihrem Leben nicht gutgetan. Sie redet offen darüber. Und trinkt keinen Schluck mehr. Seit dreißig Jahren schwebt ein Schatten über ihr, mit dem sie lebt, Tag für Tag. Sie zeigt das Bett, in dem sie sich geliebt haben, und in dem er schließlich dahinsiechte. Sie bietet einen Platz in seinem Schaukelstuhl an, auf dem er morgens immer saß und an seinem ersten Kaffee nippte. Sie zeigt seinen letzten Bademantel im Kleiderschrank und seine Lieblingstasse. Es scheint, als sei Steve McQueen nur kurz zum Bierholen gegangen. Er ist gar nicht wirklich weg. Er blickt von Bildern an der Wand und von Zeitschriften im Regal. Sogar auf der Toilette ist er präsent. Am Kleiderhaken baumelt sein Hut und eine Jacke mit einem aufgenähten Namenszug: Steve McQueen. Neben der Eingangstür steht ein Holzbock mit seinem Sattel. „Er war ein Cowboy", sagt seine Witwe, „er war ein echter Mann."

Hinter der Garage steht ein alter Pick-up-Truck, ein Ford, mintgrün, „Ragtime Farm" steht auf der Fahrertür. Der Wagen parkt dort, als habe Steve McQueen gerade den Motor abgestellt. Etwas verwittert, aber mit Stil.

„Mein Gott, ich wünschte, er wäre jetzt hier", sagt Barbara McQueen, „wir hatten einfach verdammt viel Spaß zusammen."

Bilder aus dem Familienalbum: McQueen und Barbara fotografieren sich gegenseitig während eines Ausflugs in die Rocky Mountains.

Ausfahrt mit Freundin und Dauerwelle: McQueen liebte historische Motorräder. Im Hintergrund Chad McQueen, damals 16.

Vom Bauernhof zum Laufsteg: Barbara Minty war ein begehrtes Model. Auch wenn sie hier aussieht, als hätte sie „Elton Johns Kleiderschrank geplündert".

KAPITEL I
# BEVERLY WILSHIRE HOTEL, LOS ANGELES

**D**ie Liebesgeschichte von Barbara Minty und Steve McQueen beginnt mit einem Schwindel. McQueen hatte das Model auf einer Anzeigenseite für den *Club Med* im Bordmagazin eines Flugzeugs entdeckt und seine Assistentin damit beauftragt, ihre Telefonnummer herauszufinden. Als die Recherche keinen Erfolg hat, ruft er Barbaras Agentin Nina Blanchard an. Er erzählt ihr, dass er Barbara als Häuptlingstochter in seinem neuen Western *Tom Horn* besetzen will. Blanchard, die auch einige Schauspieler vertritt, kennt das Drehbuch und wundert sich. Sie fragt: „Im Skript gibt es doch gar keine Indianerin?" McQueen antwortet, er habe das Drehbuch extra umschreiben lassen – und nun gäbe es eine Squaw. Natürlich stimmt das nicht.

Steve McQueen ist ein berüchtigter Frauenheld. Während seiner zwei Ehen mit Neile Adams und Ali MacGraw schläft er mit dutzenden Mädchen. Die wenigsten dürfen nach der Nacht neben ihm aufwachen. McQueen bemüht sich nicht besonders, die Affären geheim zu halten. Seine Frauen können es akzeptieren oder ihn verlassen, das ist ihre Wahl. Ali MacGraw ist nach den Filmen *Love Story* und *Getaway* eine der begehrtesten Frauen Hollywoods. Doch anstatt ihre Karriere zu fördern, wacht er argwöhnisch über jede Anfrage. Er hat Angst vor Konkurrenz, er ist eifersüchtig auf jeden Mann, der mit ihr Kontakt aufnehmen will. Besonders Produzenten und Regisseure verdächtigt er, ihm die Frau ausspannen zu wollen. Wenn Rollenangebote für Ali eingehen, lässt er durch ei-

„Das kann unmöglich Paul Newman sein! Wer zur Hölle ist das?"

nen Mitarbeiter seiner Filmfirma absagen – in der Regel, ohne mit ihr darüber zu sprechen.

Am liebsten hat er es, wenn sie das Heimchen am Herd gibt, ihm Hamburger brät oder kaltes Bier serviert. Nach dem Essen steigt er immer öfter auf eines seiner Motorräder und fährt ohne bestimmtes Ziel in der Gegend umher, während sie wieder auf ihn wartet. Das Haus am Strand von Trancas Beach wird mehr und mehr zu einem Gefängnis für sie. Als er eines Tages fragt, was sie sich denn wünsche, sagt sie: „Ich will endlich auch mal wieder essen gehen." Danach, so erinnert sie sich, beginnt der übliche Streit über ihre Undankbarkeit. Sie wirft mit Geschirr nach ihm, und er schlägt ihr mit der flachen Hand ins Gesicht. Sie blutet aus einer Wunde unter ihrer Augenbraue. Danach ist nichts mehr wie vorher. Vom Schlag benommen liegt sie im Haus. Er fährt mit einem Motorrad weg und schläft in dieser Nacht in einem Motel. Die Entscheidung ist gefallen: Beide wollen ein neues Leben beginnen. Für die Öffentlichkeit sind sie noch das Traumpaar Hollywoods. Doch ihre Ehe ist am Ende.

Seit dem Kassenschlager *Flammendes Inferno* hatte Steve McQueen nur noch einen Film gedreht, aber der war noch nicht in den Kinos. Drei Jahre lang lebt er in den Tag hinein, fährt ins Büro, aber meist nur, um sich mit Produzenten und Drehbuchautoren zu streiten. Immer öfter verflucht er seine Branche, schimpft über schlechte Bücher und lausige Rollenangebote. Dabei steht er noch immer auf dem Zenit seiner Karriere. *Flammendes Inferno* setzte filmische Maßstäbe für das Action-Kino. Es ist McQueens erster gemeinsamer Film mit Paul Newman. Die Weltstars sind erbitterte Konkurrenten: Newman ist der einzige Schauspieler, dem McQueen zutraut, ihm den Status als Nummer eins streitig zumachen. Warren Beatty? Robert Redford oder Dustin Hoffman? Hält er für Emporkömmlinge, die er nicht zu fürchten braucht. Aber Newman ist wie ein schauspielerischer Zwilling: Minimalist, Frauenschwarm, Western-

und Actionheld. Zeitungen vergleichen die beiden und fragen erstmals: „Wer ist der King of Cool?" Schon die Frage empfindet McQueen als eine Beleidigung. Newman ist reif für eine Lektion.

Der Vertrag, den Steve McQueen mit den Produzenten von *Flammendes Inferno* aufsetzen lässt, sagt viel über das Verhältnis zwischen ihm und seinem Widersacher aus. McQueen besteht darauf, dass er auf allen Filmplakaten als erster genannt wird. Sogar die Schriftgröße lässt er im Vertrag festschreiben. Jeder Satz im Manuskript muss von McQueen abgesegnet werden, alle Wörter, die Newman sprechen soll, lässt er zählen. Als McQueen feststellt, dass Newman 20 Zeilen Text mehr hat, wird das Drehbuch umgeschrieben. McQueen spielt in dem Film einen Captain der Feuerwehr, Newman den Architekten eines Wolkenkratzers, der wegen Bauschlampereien in Flammen aufgeht. Die Rolle des Helden ist also geklärt: Der mutige Feuerwehrmann McQueen rettet die Opfer des Architekten Newman. McQueen gelingt es, mit seinem ärgsten Konkurrenten in einem Film aufzutreten und ihn dabei doch zu kontrollieren. Dafür kassiert er mit über zwölf Millionen Dollar die höchste Gage, die je ein Schauspieler verlangt hatte.

So ist die Lage, als Barbara Minty einen Anruf ihrer Agentin erhält, die sagt: „Der Star von *Flammendes Inferno* will dich kennen lernen und dir eine Filmrolle anbieten." Barbara denkt, es handele sich um Paul Newman, der nach ihr fragt – und sagt sofort begeistert zu. Als die beiden Frauen in das Restaurant im Hotel *Beverly Wilshire* kommen, sitzt dort ein Mann mit einem zotteligen Bart und langen Haaren, der aussieht wie ein ungewaschener Fernfahrer. „Das kann unmöglich Paul Newman sein", denkt Barbara, „wer zur Hölle ist das?"

Als er sich vorstellt, muss Barbara Minty lange nachdenken, um sich an den Namen Steve McQueen zu erinnern. Sie hatte seinen ersten Film *The Blob* gesehen und die Westernserie *Wanted: Dead or Alive*, aber das war Anfang der 60er Jahre. „Als wir uns trafen, war ich 24", sagt sie heute. „Er war 47. Seine Filme waren einfach nicht für Mädchen meines Alters gemacht." Kurzum: Sie weiß nicht viel von dem Mann, dem sie gegenübersitzt. Zwei Stunden lang spricht der Zauselmann mit ihrer Agentin über das Leben, über Kinder, Erziehung, über Motorräder und das Filmgeschäft. Über die angebliche Rolle für Barbara als Häuptlingstochter sprechen sie höchstens fünf Minuten. Barbara kann sich nur erinnern, zur Begrüßung „Hallo" gesagt zu haben.

*Barbara: Nach dem Treffen schimpfte Nina mit mir, weil ich kaum ein Wort herausgebracht hatte. „Kannst du nicht einfach mal deinen Mund aufmachen?", sagte sie. „Das war peinlich!" Als ich endlich meine Sprache wiedergefunden hatte, konnte ich selbst kaum glauben, was ich da sagte: „Ich werde diesen Mann heiraten. Ich liebe ihn einfach!" „Aber du hast doch kaum ein Wort mit ihm geredet", sagte Nina.*

Agentin Blanchard ist sauer. Nicht nur, dass sich ihre Klientin benahm wie eine Landpomeranze. Sie musste für dieses Treffen auch noch einen Termin absagen, der neben viel Geld auch Ruhm eingebracht hätte. Irving Penn, einer der bekanntesten Fotografen der Welt, wollte Barbara am Tag des Treffens für einen *Vogue*-Titel in New York buchen. Nun hat sie weder eine Rolle, noch die Titelseite. Barbara hat sich bei dem Termin unprofessionell verhalten – und Irving Penn ein anderes Mädchen gebucht. Der Termin: ein Desaster!

*Barbara: Einen Tag nach unserem Treffen lag ich gerade am Pool des Beverly Wilshire Hotels, als Steve auftauchte. Er setzte sich neben mich und fing an zu quatschen. Plötzlich, mitten im Satz, stand er auf und ging weg. Ich* dachte schon, er wäre ein wenig bekloppt – einer von diesen Hollywood-Spinnern, vor denen mich mein Vater immer gewarnt hatte. Fünf Minuten später kam er zurück mit zwei Gläsern Bier und sagte: „Komm mal kurz mit."

Ich folgte ihm. Bis wir vor der Männersauna standen und er dem Pool Boy ein paar Dollar in die Hand drückte, damit er keinen reinlassen würde. Ich war schockiert. Dieser Mann schien mir zu allem fähig. Als wir in der Sauna hockten, fing Steve an, mir sehr private Fragen zu stellen, er wollte mehr über mich wissen. Bestimmt habe ich auf ihn erst einmal ein wenig naiv gewirkt: Ich war weder Teil der Hollywood-Szene noch interessierte ich mich für eine Rolex oder einen Porsche. Doch was immer ich damals auch zu ihm sagte – ich muss irgendwie den Test bestanden haben, denn er lud mich zum Abendessen ein. Als ich ihn am Abend in seiner Suite abholen wollte, wartete eine ziemliche Überraschung auf mich. Steve bat mich sofort herein, als ich klopfte – doch er war nicht allein. Hinter ihm saßen zwei schlanke, großbusige Schönheiten mit Goldkettchen und dick aufgetragenem Make-up. Sie sahen nicht so aus, als seien sie zur Chorprobe dort.

„Vielleicht hätte ich draußen bleiben sollen", murmelte ich. „Nein, nein", sagte er freundlich. „Die Ladys wollen gerade gehen." Dann ließ er das Abendessen aufs Zimmer bringen. Nach dem Essen fragte er mich, ob ich Lust auf eine Spazierfahrt an der Küste hätte. Das klang romantisch. Wir fuhren über den Pacific Coast Highway und ich genoss die Landschaft, während Steve auf mich einredete und immer mehr Gas gab. Er fuhr so schnell, dass ich vor Angst meine Finger in den Sitz krallte. Ich beruhigte mich erst, als er wieder langsamer fuhr, weil ich lautlos geschrien hatte. So ging das ein paar Stunden, bis ich einnickte.

Steve schlug vor, ein Hotel zu suchen. Doch alle Hotels, die wir ansteuerten, waren belegt. Gegen vier Uhr morgens fanden wir endlich ein Motel in San Simeon und Steve konnte einem Pärchen, das gerade auschecken wollte, ein Zweibettzimmer abschwatzen. Die beiden hatten eh nur ein Bett benutzt. Steve holte ein T-Shirt und eine Zahnbürste aus dem Kofferraum.

Ausfahrt mit Rauschebart: Nur Barbara McQueen
durfte den Weltstar so fotografieren.

Nach ihrer ersten Nacht gibt Barbara ihm ihre Telefonnummer. Sie fährt zurück nach Ketchum, dem Skiort in Idaho, in dem sie heute wieder lebt. Sie muss häufig für Fotoaufnahmen nach New York. Er ruft sie täglich an. Einen Monat geht das so. Eines Nachts ist er wieder dran.

―

*Barbara: Er wollte, dass ich nach L. A. komme. Ich sagte: Lass uns in Denver treffen. Das ist in der Mitte. Als wir dort unsere Sachen im Auto verstauten, zeigte ich ihm meine 35-Millimeter-Kamera und stellte ihm die einzige Bedingung in unserer dreieinhalbjährigen Beziehung: „Ich fotografiere gerne. Und wo immer ich hingehe, kommt die Kamera mit. Ich verkaufe sie nicht und ich mache auch sonst nichts mit den Bildern." Ich wollte schon länger meine Karriere als Model zurückfahren und selbst fotografieren. Ich hatte viele der erfolgreichsten Fotografen bei ihrer Arbeit beobachtet und kannte mich gut aus mit den besten Winkeln, Licht und Schatten. Meine Bedingung ließ ihn einen Moment verstummen, dann sagte er: „Okay. That's fine."*

*Auf dem ersten Bild, das ich von Steve machte, trug er sein blau kariertes Lieblingshemd. Das Licht war perfekt mit der Sonne hinter seinem Kopf, es gab dem Foto einen geheimnisvollen Touch. Es ist eines der wenigen Fotos von Steve, die ich mir an die Wand gehängt habe. Immer wenn ich es betrachte, denke ich, wie ungeheuer groß sein Vertrauen in mich war. Denn er erlaubte niemandem in den letzten Jahren seines Lebens, Fotos von ihm zu machen. Wenn Steve sich auch vor mir so geziert hätte, wäre unser Ausflug ziemlich kurz gewesen. Und die Beziehung auch. Zum Glück aber hatte er nichts gegen meine Fotos.*

―

Bei ihrem ersten Trip durch Colorado trägt Steve zu seinem Rauschebart und schulterlangem Haar ein blau kariertes Hemd, ein Cordsakko, Jeans mit Bügelfalte, Wanderschuhe und manchmal einen weißen Sonnenhut mit blau getöntem Sichtfenster. Er will nicht erkannt werden und ist optisch weit davon entfernt, ein *King of Cool* zu sein. Wer ihn in den Rocky Mountains an einem Rastplatz sitzen sieht, wäre nie darauf gekommen, einen Filmstar vor sich zu haben: Da sitzt eine Legende seiner Generation, trinkt Bier aus einer Tasse mit Minnie-Maus-Aufdruck. Und begeistert sich über den Höheneffekt der Berge. „Weißt du, Süße, das ist wirklich toll", sagt er während der Rast. „Man braucht hier oben nur die Hälfte zu trinken und hat trotzdem einen sitzen."

Einen Monat später holt McQueen Barbara in Ketchum ab. Als sie aus der Einfahrt kommen, stellt sich ihnen ein Nachbar in den Weg, der alte Jack Mooseau. Er hatte den bärtigen Fremden beobachtet und fürchtet, Barbara werde entführt. „Barbi, steig aus dem Auto aus, wenn du kannst", sagt er. „Bist du in Ordnung? Trägt er eine Waffe?" Als sie ihm sagt, wer der ungepflegte Typ neben ihr ist, geben sich die beiden Männer die Hand. McQueen und Barbara fahren in seinem weißen Ford Pick-up-Truck davon, den er über alles liebt. Mehr noch als seine Porsches und seine Jaguars, Mercedes und Ferraris. Er wird der einzige Wagen bleiben, den Barbara niemals bewegen darf. McQueen hatte ihn von einem Farmer gekauft, der ihm damit auf einer Landstraße entgegengekommen war. McQueen drehte um, überholte und machte dem verdutzten Mann ein Angebot. Als der schließlich einschlug, nahm er die Papiere und die Schlüssel an sich. Viele Autos kauft McQueen auf diese Weise. Meistens muss einer seiner Mitarbeiter den Wagen abholen, den er an irgendeiner Landstraße abgestellt hat. In vielen Fällen wird das Auto dann in einer der Lagerhallen untergebracht, die er überall in Kalifornien angemietet hat. Barbara McQueen ist sich sicher, dass es noch heute Hallen gibt, in denen vergessene Autos, Motorräder oder sogar Flugzeuge von Steve McQueen lagern.

*Auf unserer Reise nach Montana hielten wir vor Sonnenuntergang in der kleinen Stadt Lolo. Am Straßenrand entdeckten wir eine Ansammlung von Ferien-Blockhütten. Durch ein Fenster der größten Hütte, in der die Rezeption untergebracht war, sahen wir eine Familie, die das Abendessen zubereitete. Steve war ein kleiner Voyeur, aber ein harmloser. Er hatte die Angewohnheit, um fremde Häuser zu schleichen und die Menschen in ihrer eigenen, privaten Umgebung zu beobachten. Er konnte ihnen stundenlang zuschauen, ob sie nun vorm Fernseher saßen, aßen oder ein Familienstreit im Gange war. Mir war das natürlich unangenehm. Ich bin kein Psychoanalytiker, aber ich glaube, er hat das getan, weil er als Kind nie ein normales Familienleben kennen gelernt hatte. So standen wir eine Ewigkeit da und beobachteten diese Familie.*

*Ich habe Steve schließlich angeblafft: „Um Gottes Willen, geh endlich und klopf an die Tür!" Steve klopfte und der Besitzer öffnete. Steve sagte ihm, wir hätten uns verfahren, und fragte, ob wir eine Holzhütte mieten könnten. Dann luden sie uns zum Abendessen ein. Steve und der Mann verstanden sich auf Anhieb, tranken zusammen Bier und alberten herum. Und die ganze Zeit hatte die Familie keine Ahnung, dass sie einen Hollywoodstar durchfütterte. Am nächsten Morgen ging Steve sogar mit dem Mann fischen, was er sonst nie tat. Erst am dritten Tag flogen wir auf. Das Ehepaar nahm uns mit in die Stadt, wo wir Freunde von ihnen trafen. Einer sagte sofort: „Mensch, ihr habt euch mit Steve McQueen angefreundet!" Das Paar war völlig entgeistert. „Wow, du bist Steve McQueen", sagte der Mann. „Ich dachte, du wärst einfach ein dreckiger alter Mann mit einem gut aussehenden jungen Mädchen."*

*Wir verbrachten eine Woche in Lolo und das Wetter war stürmisch. Aber für mich waren es trotzdem sehr schöne Tage, weil Steve so eine vertraute Zeit mit einer ganz gewöhnlichen Familie verbracht hatte. Und er war noch Tage später ausgesprochen gut gelaunt.*

—

Steve McQueen kennt kein Familienleben. Sein Vater Bill McQueen war ein Kirmesboxer und Eisenbieger, der in einem Wanderzirkus

Züge mit den Zähnen zog. Als er eines Tages unerwartet zu 2.000 Dollar kam, eröffnete er damit ein illegales Spielcasino in Indianapolis. Der Club flog auf und wurde von der Polizei geschlossen. Bill McQueen betäubte sich mit Alkohol und Drogen. Als er Julian Crawford kennen lernte, war er zwar erst Ende zwanzig, aber bereits ein Wrack, morphiumsüchtig, alkoholabhängig. Sie wohnten in einem Sozialheim. Morgens führte ihr Weg in ein Industriegebiet, wo sie auf einem Sammelplatz für Tagelöhner auf Arbeit warteten. Nur selten war etwas für sie dabei. Als Steve McQueen am 24. März 1930 in Beech Grove bei Indianapolis geboren wurde, beantragten seine Eltern Armenhilfe. Julian nahm McQueens Namen an, aber ob die beiden je geheiratet haben, ist nicht belegt.

Sechs Monate nach der Geburt seines Sohnes verschwand Bill. Steve sah seinen Vater nie wieder. In einem Interview sagte er: „Mein Leben war kaputt, bevor ich geboren wurde." Julian schlug sich mit Gelegenheitsjobs durch und arbeitete zeitweise sogar als Hure. Manchmal musste der kleine Steve zusehen, wie seine Mutter Freier empfing. Später zogen sie zu einem Onkel nach Slater, einem Nest in Missouri. Niemand achtete darauf, ob der Junge in der Schule mitkam. Ob er Freunde hatte, ob es ihm gut ging, das interessierte niemanden in der Familie. Jeder hatte genug mit den eigenen Problemen zu tun, vor allem mit dem Alkohol. Steve wuchs als Straßenjunge auf. Er zeigte vor niemandem Angst und schlug sich sogar mit Älteren. Mehrmals verantwortete er sich wegen Körperverletzung vor dem Jugendrichter. Ein stiller Außenseiter, der niemandem außer sich selbst traute. Es wurde zum Leitmotiv seines Lebens.

Dosenbier, eine schöne Frau, die Rocky Mountains:
McQueens Idee von einem perfekten Tag.

KAPITEL 2
# SCHÜSSE IN DER NACHT

**N**ach drei Monaten ruft McQueen Barbara in Idaho an und fragt, ob sie mit ihm in Kalifornien leben will. Barbara ist als Model immer noch gut gebucht, denkt aber seit einiger Zeit darüber nach, ihre Karriere zu beenden. Doch Rechnungen muss auch sie bezahlen. „Mach dir darüber keine Gedanken, ich werde mich um dich kümmern", sagt er am Telefon. „Pack deine Sachen, Baby, ich hole dich ab."

Er wohnt in einem herrlichen dreistöckigen Haus am Strand von Trancas Beach, nördlich von Malibu. Das Haus besteht aus Holz und Glas und bietet einen fantastischen Blick auf den Pazifik. Sie haben drei Nachbarn: einen Immobilienmogul, den Besitzer eines Tonstudios und Keith Moon, Schlagzeuger der Band *The Who*. Ali MacGraw, Steves zweite Ehefrau, ist gerade erst ausgezogen. Ihre Möbel sind noch da, ihre Kleider hängen noch im Schrank, doch Ali ist Vergangenheit. Irgendwann wird sie ihre Sachen abholen. Wann? Das ist McQueen egal. Anwälte handeln schon die Details der Trennung aus. McQueen will ihr keinen Cent zahlen.

Barbara hat nicht viele Dinge dabei, als McQueen und sie in seinem Pick-up-Truck die lange Auffahrt hinauffahren. Sie schlendert durchs Haus und staunt über die großen Räume, den Blick über den Pazifik und die Dünen. Aber am meisten beeindruckt sie der begehbare Kleiderschrank. „Da stand ich mit meinem kleinen Koffer in Alis Reich. Überall Kleider, die schönsten der Welt. Und hunderte Paar Schuhe. Für mich war das wie ein Besuch in einer Kirche. Ich sagte immer nur ‚Wow!' Sie hatte die coolsten Sachen.

„Pack deine Sachen, Baby, ich hole dich ab." Barbara zieht nach Trancas Beach.

Ali hatte einfach Stil. Aber ich habe nie etwas angefasst. Ihre Sachen waren für mich heilig." Bald darauf kommen die Möbelpacker. Die T-Shirts, Jeans und Schuhe des Bauernmädchens Barbara füllen Alis „heiligen Schrank" nicht einmal zu einem Zehntel aus.

Die Tage des Paares vergehen in einer Routine, wie sie McQueen seit Jahren schätzt: Er steht um 8.30 Uhr auf, trinkt einen Kaffee und spült mit einer Dose *Old Milwaukee* nach, seinem Lieblingsbier. Da Barbara nicht kochen kann und auch nicht kochen will, bereitet er sich seinen geliebten Kartoffelbrei zu oder isst ein großes Stück Schokoladenkuchen, seine zweite Leibspeise. Speck setzt er trotzdem nicht an. Jeden Tag arbeitet McQueen an den Hanteln in seinem Studio, joggt oder schuftet mit seinem Freund und Fitnesstrainer Pat Johnson.

Gegen Mittag fahren Barbara und er meist ziellos über den Pacific Coast Highway. Für solche Ausflüge stehen dutzende Motorräder in einer Halle neben dem Haus bereit, außerdem säumen Rolls-Royce, Ferraris, Jaguars und Porsches die Auffahrt. Am Nachmittag bastelt McQueen oft an seinen alten *Indian*-Motorrädern herum, liegt im Overall unter einem Auto oder beugt sich über ein Ölbad mit Motorteilen. Sein 17-jähriger Sohn Chad, der die Begeisterung seines Vaters für alles teilt, das alt ist und einen Motor hat, schraubt mit.

---

*Im Großen und Ganzen war das Leben in Trancas Beach ruhig und friedlich. Nur manchmal geriet es ein wenig außer Kontrolle – wegen unseres Nachbarn. Wem der Name Keith Moon etwas sagt, der weiß, wovon ich spreche: vom Schlagzeuger der legendären Rockband* The Who. *Seinen Spitznamen „Moon the Loon" (Moon, der Verrückte) hatte er sich durch seine Alkohol- und Drogenexzesse wahrlich verdient. Moon war berüchtigt. Er zertrümmerte Hotelzimmer, hängte sich an Kronleuchter und hatte seine Freude daran, teure Wagen in Swimmingpools zu versenken.*

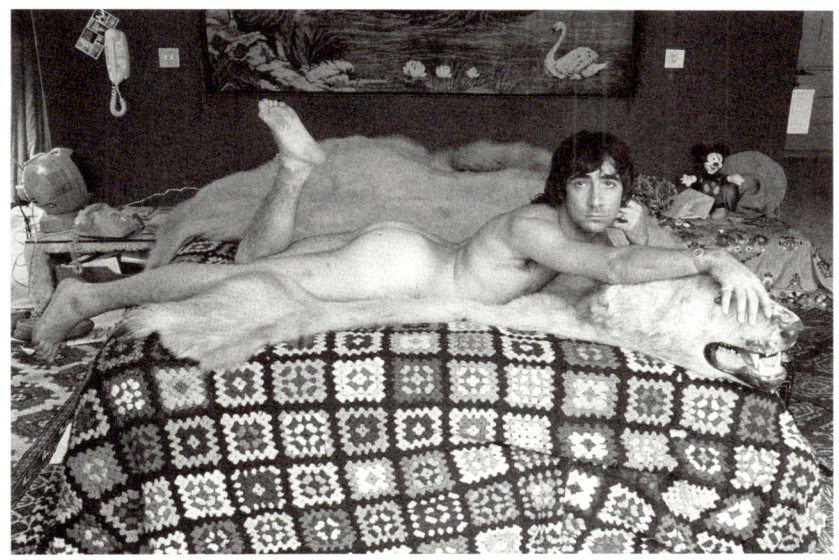

Alptraum in der Nachbarschaft: Keith Moon, Schlagzeuger der Rockband *The Who*.

*Einmal fand Steve ihn nach einem wüsten Saufgelage halb bewusstlos am Strand. Natürlich nicht in Schwimmsachen. Er steckte von Kopf bis Fuß in einer Nazi-Uniform mit Stiefeln, Helm und Hakenkreuzbinde. Steve zog ihn schnell aus den Wellen und schleppte den Musiker vor dessen Haustür. Dort ließ er ihn liegen – sollte doch ein anderer sich um den Rest kümmern.*

*Moon war ein unerträglicher Nachbar. Er feierte wüste Partys, hörte überlaut Musik und blieb nächtelang wach. Es war aber nicht einmal der Lärm, der Steve und mich verrückt machte. Moons Bad hatte ein riesiges Fenster mit farbigem Glas. Die ganze Nacht ließ er das Licht brennen, das direkt in unser Schlafzimmer schien. Immer wieder rief Steve ihn an, bat höflich, das Licht auszuschalten. Ohne Erfolg.*

*Eines Nachts, als wir uns wieder einmal wegen des grellen Lichts schlaflos hin und her wälzten, sprang Steve auf und schrie: „Verdammt, ich habe genug von diesem Mist!" Er schnappte sein Gewehr und marschierte zu Moons Haus. Einen Augenblick später hörte ich einen Knall, der durch die ganze Gegend hallte, dann das Geräusch von zersplitterndem Glas. Steve kam nach Haus zurück, legte seelenruhig das Gewehr beiseite und öffnete eine Dose gut gekühltes* Old Milwaukee. *In dieser Nacht schliefen wir so tief wie noch nie. Und über sein zerstörtes Badezimmerfenster verlor Mr. Moon nie ein Wort.*

---

McQueen traut dem Frieden nicht. Er hält Moon für einen Verrückten und fürchtet sich insgeheim vor ihm. Moon erinnert ihn an seinen Alptraum Charles Manson, den Kopf der Sekte, der die Schauspielerin Sharon Tate und drei ihrer Freunde bestialisch ermorden ließ. McQueen nannte die damalige Ehefrau von Roman Polanski oft „meine Freundin" und ließ sie sogar für eine Rolle in seinem Pokerfilm *Cincinnati Kid* vorsprechen. Am Abend der Tat, am 9. August 1969, rief Sharon bei ihm und seiner Frau Neile an und lud sie zum Abendessen mit Freunden nach Bel Air ein. Doch er hatte sich mit

Neile wieder einmal gestritten und wollte nirgendwo hin. Dieser Streit rettete Steve und Neile McQueen wahrscheinlich das Leben.

Charles Manson gründete seine okkulte und rassistische Hippiekommune auf Basis von Untergangsszenarien, die er im Beatles-Song *Helter Skelter* zu entdecken glaubte. Manson wollte durch die Ermordung weißer Prominenter einen Rassenkrieg zwischen Weißen und Schwarzen anzetteln. Er befeuerte den Irrsinn seiner Jünger mit LSD-Trips, Kokain und Heroin. Manson hatte seine Opfer nicht willkürlich unter den Hollywoodgrößen gesucht. Er wollte Rache nehmen für die Ablehnung, die er erfahren hatte. Zuerst versuchte Manson es mit einer Karriere im Musikgeschäft, dann im Filmbusiness. Er tauchte in Castinglisten von *Bullitt* und von *Gesprengte Ketten* auf, wurde aber jeweils abgelehnt. Er hasste dafür nicht nur Hollywoodstars im Allgemeinen, sondern Steve McQueen im Besonderen. Dessen Name stand auf einer Liste, die Polizisten bei Manson gefunden hatten, rot angestrichen. Ob Sharon Tate das eigentliche Ziel des Anschlags war, bei dem auch Tates ungeborenes Kind und ein unbeteiligter Student getötet wurden, oder der viel berühmtere Steve McQueen?

McQueen hat keinen Zweifel, dass der Anschlag ihm galt. Nachdem er am Telefon vom Massaker an seinen Freunden hört, kauft er weitere Waffen. Er trägt oft eine Pistole unter seiner Jacke, bewahrt nicht nur im Büro und Haus Feuerwaffen auf, sondern auch in jedem Auto. Bodyguards aber lehnt er ab. „Wenn es dazu kommen sollte", sagt er, „werde ich es mit meinen eigenen Händen regeln."

Nun, acht Jahre nach der Mordnacht, spürt McQueen, dass er es wieder mit einem Verrückten zu tun hat, der offensichtlich ständig unter Drogen steht. Moon ist in seinen Augen eine Art menschliche Zeitbombe in unmittelbarer Umgebung. Kurz nach seinem Schuss ins Badezimmerfenster gibt er Barbara eine Pistole, Kaliber 45, und zeigt ihr, wie sie zu reinigen ist. Sie muss sie immer wieder auseinandernehmen und zusammensetzen. Eines Nachts weckt er sie: „Ich sollte mich auf den Boden legen und die Waffe in der Dunkelheit auseinandernehmen. Ich sagte, ‚bist du total irre geworden'? Aber er ließ nicht locker. Steve wollte, dass seine Frauen mit Waffen umgehen konnten." Als ich die Pistole zusammengesetzt hatte, durfte ich wieder ins Bett kommen. Das wurde unsere nächtliche Routine. Bis er meinte, ich könnte es."

Im September 1978 stirbt Moon an einer Überdosis eines Beruhigungsmittels, das ihm verschrieben wurde, um von seiner Alkoholsucht loszukommen. Kurz nach Moons Tod wird das Haus an einen Anwalt verkauft.

―

*Immer wenn dieser Anwalt Steve begegnete, machte er einen abfälligen Kommentar. Andauernd gingen sich die beiden an die Gurgel. Die Ursache ihrer Privatfehde: Steves große Sammlung an Autos und Motorrädern, die auf der Zufahrtsstraße zu den Grundstücken parkte. „Eines Tages schlage ich den Typen zu Brei", sagte Steve, „den krieg ich noch." Und diese Drohung sollte er wahrmachen.*

*An einem Tag rannte er völlig aufgedreht und mit breitem Grinsen ins Haus, ich hatte ihn noch nie so zufrieden mit sich selbst gesehen. Man hätte denken können, er hätte gerade einen Oscar gewonnen oder einen Millionenvertrag unterzeichnet.*

*„Was zum Teufel ist los, Schatz", fragte ich amüsiert.*

*„Ich hab's gemacht! Ich hab's gemacht!", rief er wie ein aufgeregtes Kind. „Ich habe diesem Hurensohn voll in die Fresse geschlagen. Das fühlt sich so ungeheuer gut an!"*

*Dann hielt er kurz inne und sagte, dass er wohl lieber mal seinen Anwalt anrufen werde.*

*Natürlich waren wir wenig überrascht, als kurze Zeit später die Polizei klingelte und Steve befragen wollte. Und auch nicht, als der Nachbar Steve anzeigte und behauptete, er könne seinen Kopf nach Steves Schlag nicht mehr bewegen. Er fing an, eine Halsmanschette zu tragen und schien Schwierigkeiten beim Gehen zu haben. Steve gab zwar zu, dass er ihm richtig eins übergebraten hatte, aber sein Schlag hätte niemals solch eine Verletzung verursachen können. Also heuerte Steve einen Fotografen an, um herauszukriegen, ob der Typ ein Lügner war oder nicht. Der Fotograf blieb ein paar Tage in unserem Haus, ging von Raum zu Raum und überwachte unseren Nachbarn mit seinem Teleobjektiv.*

*Er brauchte nicht lange, um die Bilder zu schießen, die wir benötigten: Einmal kam unser angeblich schwer verletzter Nachbar nach Hause und trug keine Halsmanschette mehr, sondern war auch auf wundersame Weise wieder fähig, geradeaus zu gehen – ja, er konnte auf einmal sogar wieder schwere Gegenstände tragen. Zum Glück hatten wir diese Szenen alle auf Fotos gebannt. Als die Bilder bei seinem Anwalt ankamen, blieb ihm nichts anderes übrig, als seine Klage still zurückzuziehen. Das war typisch Steve – einen schlechten Schauspieler erkannte er sofort.*

---

Oft besuchen Hollywoodgrößen McQueen und Barbara in Trancas Beach und bleiben auf ein Bier. Mehr bietet der Gastgeber selten an und Barbara kann noch immer nicht kochen. Einige kommen deshalb nicht wieder, doch das ist McQueen egal. Er umgibt sich lieber mit normalen Leuten. Mit Menschen, die dem bestbezahlten Schauspieler der Welt die Meinung sagen. McQueen hält wenig von der Schauspielerei, die er für ein „Arschleckergewerbe" hält, betrieben von Weicheiern und Opportunisten. Die meisten Menschen, die Barbara und er tagsüber treffen, wissen nicht, wer er ist. Am meisten hasst er es, wenn sie sich verändern, sobald sie es herausfinden.

---

*Steves Freunde gingen ganz normalen Berufen nach, hatten Frau und Kind und wussten, was es bedeutet, wenn man einen Kredit abzahlen muss. Sie waren Stuntmänner, Mechaniker, Rennfahrer, Piloten oder Karatelehrer.*

# Steve McQueen's New Love Has Turned Him Into Tame Pussycat

Steve McQueen has fallen head over heels in love with an eye-popping beauty barely half his age — and she's leading the macho superstar around like a kitten on a leash.

"It's really amazing! I can't believe it's the same person," exclaims a source who's close to McQueen.

"She tells him what to do and he jumps. He's like a tame pussycat."

### By PABLO FENJVES

The 49-year-old McQueen has been living with top fashion model Barbara Minty, 25, for nearly a year — and suddenly he isn't smoking, getting drunk or carousing until all hours. Even his scruffy beard and pot belly are gone.

Amazed coworkers can't get over the change in him.

"He's in good shape. The belly's gone. And the scruffy beard's gone too. He's obviously been forced to think things over and decided to take better care of himself," says one worker on a recent McQueen film, "Tom Horn."

And another adds: "Not long ago McQueen was being ribbed about being overweight. Today he looks really great for a man his age — he's going on 50."

The change that's come over the star is nowhere more apparent than in his relationship with Barbara, according to the source close to McQueen.

"It started off as your basic romance with this macho shape now, thanks to Barbara. He has given up cigarettes. He keeps his drinking and eating under control — thanks to Barbara. He exercises daily. He's quieted down a great deal.

"He still drinks beer and chews tons of tobacco. But at home he walks around with a big spittoon in his hand. When he's on the road his spittoon is a Dixie cup.

"That obnoxious and loud-mouthed ruffian I knew a year ago has disappeared. He's no more than a kitten."

Many others who know McQueen agree that he has become a new man since he became involved with Barbara.

"McQueen's in really good shape and he's quit all his bad habits," says a source who worked on the movie "Tom Horn," which McQueen recently finished filming.

Said an actor: "On the set, he'd go straight to his trailer where Barbara was waiting.

"She was there all the time him, he would give them a dirty look and then ignore them. Now he'll take the time to say a few words."

But there are some things about the old McQueen that haven't changed — and even Barbara won't tamper with them.

He's still got his 138 motorcycles in the mammoth garage of his Malibu beach house and he still has an antique motorcycle parked in the living room of his Beverly Wilshire Hotel suite. And he's still as much a daredevil as ever.

"His new hobby is flying," says the insider. "He still hasn't got his solo license but he's out almost every weekend with his instructor.

"Recently he flew over Ali MacGraw's house — which is less than half a mile down the road (from his) — buzzed it a few times to bring her and the kids outdoors, then flipped the plane to impress them."

From all appearances the relationship between Barbara and McQueen suits them both.

"Barbie is the stabilizing his waist and he strokes her long, beautiful hair.

"They smile at each other from across the room and there's that certain electricity that tells you they are very much in love. Their love is above all else — she won't take any grief from him. They make a beautiful couple."

Even McQueen's son from his first marriage, Chad, 18, who now lives with his father and Barbara in the Malibu house.

**HIS MODEL LOVE:** Steve McQueen with top fashion model Barbara Minty at Rolling Stones' rock concert in 1978.

Zahme Schmusekatze? McQueen plaudert mit Bill Wyman, dem Bassisten der *Rolling Stones*.

*Von Zeit zu Zeit kam aber auch einmal ein Prominenter bei uns zu Hause vorbei. Wie zum Beispiel Peter Fonda oder Elliot Gould.*

*Von allen Bekannten aus Hollywood stand sich Steve wohl mit Lee Majors am nächsten. Lee war einer der wenigen Freunde, der zu jeder Zeit bei uns vorbeikommen durfte. Dieses Privileg galt aber nicht für seine Frau, Farrah Fawcett – weil ihre Schönheit so atemberaubend war, dass sie jede andere Frau im Raum beschämte. Neben ihr konnte man nur verblassen.*

*Farrah war eine Ikone der 70er, sportlich, schönes blondes Haar und ultraweiße Zähne. Zu dieser Zeit schwamm sie auf dem Höhepunkt ihres Erfolges, der ihr die Rolle in Charlie's Angels gebracht hatte. Sie war omnipräsent in Shampoo-Werbespots und auf Postern, die sich alle Jungs in diesen Tagen über ihre Betten hängten. Einmal rief Lee an und sagte, er würde vorbeikommen und Farrah mitbringen.*

*„Oh nein, mach das nicht", rief ich.*

*„Warum nicht?", fragte Lee verständnislos.*

*„Weil sie Farrah Fawcett ist und meine Haare heute überhaupt nicht gut aussehen. Tu mir das nicht an!" Ich fühlte mich unsicher.*

*Dummerweise habe ich auch später die Gelegenheit verpasst, Farrah Fawcett zu treffen. Ich hätte mich damals nicht so anstellen sollen.*

---

Selten zeigt sich Barbara beeindruckt von McQueens Freunden. Die meisten sind ihr zu alt. Doch eines Tages überrascht er sie: „Paul McCartney will später rumkommen." Barbara tanzt vor Freude durchs Haus. Paul McCartney! Ihr Idol! McQueen und McCartney kennen sich seit den Dreharbeiten zum Film *Papillon*. Sein Co-Star Dustin Hoffman hatte den Beatle damals eingeladen. Doch McQueen konnte es nicht leiden, wenn ihm jemand, den er nicht kannte, bei der Arbeit zusah – und ließ McCartney kurzerhand vom Set schmeißen. Was dem Popstar offensichtlich imponierte. Jedenfalls organisierte er über ihren gemeinsamen Anwalt John Eastman einen Termin in Las Trancas.

„Ich konnte mich gar nicht mehr beruhigen", erinnert sich Barbara. „Ich habe angefangen, Tanzschritte zu üben und *Beatles*-Lieder zu singen, so aufgeregt war ich." McQueen brodelt vor Eifersucht, als er sie so vor Freude tanzen sieht. Er murmelt: „Auf keinen Fall", ruft seinen Anwalt an und sagt das Treffen wieder ab. Barbara ist fassungslos über diese Gemeinheit. „Ich habe eine Woche lang kein Wort mit ihm gesprochen." Steve bittet mit einem Kätzchen auf dem Arm um Verzeihung.

Im Juli 1978 bietet sich eine Chance zur Wiedergutmachung. Die *Rolling Stones* geben ein Open-Air-Konzert in Anaheim und Barbara bittet McQueen, mit ihr hinzugehen. Neben Paul McCartney himmelt sie auch Mick Jagger an. McQueen besorgt nicht nur Karten, sondern bekommt Backstage-Pässe, weil Jagger ihm mehr als einen Gefallen schuldet. Die Stones hatten seinen Namen im Song *Star, Star* benutzt. Auf den Refrain mit den Worten „Star Fucker" texteten sie: „Ali MacGraw ist sauer auf dich, weil du Steve McQueen einen geblasen hast."

Man spricht eine Sprache.

---

*Als wir im Backstage-Bereich herumliefen, trafen wir auf Bill Wyman, den Bassisten. Steve und er tranken ein Bier zusammen und plauderten über ihre Kinder. War das langweilig! Da treffen sich der Harte-Jungs-Schauspieler und das Mitglied einer der berüchtigsten Groupiefummler-Bands und sie reden darüber, was ihnen die Vaterschaft bedeutet.*

---

Der Konzertbesuch entwickelt sich gar nicht, wie es Barbara erwartet hat. Kurz darauf verschwindet McQueen und geht zu Mick Jagger in dessen Umkleidekabine. Über eine Stunde lässt er Barbara mit dem langweiligen Wyman sitzen. „Steve wusste, wie sehr ich Mick Jagger kennen lernen wollte, aber er nahm mich nicht mit." Barbara McQueen kann es auch heute noch kaum glauben. „Das war wohl seine Art, mir zu zeigen, wie sehr er mich liebte. Er wollte mich mit niemandem teilen. Und schon gar nicht mit Mick Jagger."

Folgende Seite: Plausch mit den Nachbarn – aber nicht alle in der Gegend waren damit einverstanden, dass McQueens Sammlung von Autos und Motorrädern die Straße zuparkte.

KAPITEL 3
# KING OF COOL MIT DAUERWELLE

**B**arbara, war Ihr McQueen cool?

Sie lacht, bevor sie antwortet. „Er war ein cooler Typ, sicherlich der coolste, den ich je kennen gelernt habe. Aber ich glaube, die Menschen haben ein total falsches Bild von seiner Lässigkeit."

Bis heute benutzen Modefirmen sein Image, um ihre Absätze anzukurbeln oder bekannt zu werden. Uhrenmarken werben mit dem Chronometer, den er im Film *Le Mans* trägt. Eine Motorradmarke bringt jedes Jahr eine neue McQueen-Edition heraus. Und sie verkauft sich von Jahr zu Jahr besser. Der Mythos ist ungebrochen. Warum nur?

Steve McQueen verkörpert einen Typus Mann, den es heute kaum noch gibt. Er liebt ausschließlich Männersachen, er fährt Motorrad- und Autorennen, er trinkt gerne und ausdauernd Bier, er lenkt einen Pick-up-Truck durch die Gegend, er reitet, schießt und hat die tollsten Frauen. Er ist der Inbegriff des „All American Hero", der es aus der Gosse nach Hollywood schaffte. Dabei sieht er immer aus wie ein warmherziger Raufbold, ist nicht so schüchtern wie James Dean und nicht so träge wie Marlon Brando. Steve McQueen blickt immer so, als ob er gerade etwas ausgefressen hätte. Aber etwas, das ihm sogar seine Schwiegermutter verzeihen würde. Der größte Entertainer der Welt, Frank Sinatra, wirkt gegen ihn zunehmend wie ein kostümierter Pinguin. Er hätte zum berühmten *Rat Pack* gehören können, zusammen mit Dean Martin und Sammy Davis Jr., aber sein Instinkt sagte ihm, dass er sich hätte ver-

Modischer Aussetzer: „Schatz, was zur Hölle hast du mit deinen Haaren gemacht?"

biegen müssen. Der Smoking ist nicht seine natürliche Arbeitskleidung und die Bühnen von Las Vegas sind nicht seine Bühnen. Er schlägt das millionenschwere Angebot von Sinatra aus.

McQueen schafft es, den Glanz seiner Rollen auf sich abstrahlen zu lassen. Nach jedem Film wächst auch er ein Stück. Was ihm den Vorwurf einbringt, er spiele nur sich selbst, doch sein Kalkül geht auf. Jede Rolle wählt er mit Bedacht. Er übernimmt kein einziges Engagement nur des Geldes wegen. Nichts an McQueen scheint eine Pose zu sein. Er wirkt durch und durch echt. Für seine Fans ist er genau wie Lieutenant Frank Bullitt: kauzig, rebellisch, ehrlich. Rolle und Mensch sind spätestens seit der Verfolgungsfahrt durch die Straßen von San Francisco eins. Er lässt die Rollen mit seinem Image verschmelzen. Wer in *The Getaway* einen Gangster spielt, schiebt im richtigen Leben keinen Kinderwagen vor sich her oder lässt sich in Frauenkleidern fotografieren. Das unterscheidet ihn zum Beispiel von Brad Pitt.

McQueen weiß um die Kraft der Bilder. Interviews hat er nie gerne gegeben. In den letzten zehn Lebensjahren nur ein einziges. Auch in seinen Filmen spielt er immer einen Schweiger. Einen Mann der Tat, der hinterher nicht darüber spricht. In *Le Mans* dauert es 35 Minuten, bis er den ersten Satz sagt. Vorher fährt er einfach nur auf einem Rennkurs im Kreis. Er hat von Beginn an ein präzises Bild seiner selbst: Der einsame Wolf wird seine Lebensrolle. Ob als Cowboy, Polizist, Kriegsheld, Rennfahrer, Häftling oder Kopfgeldjäger – er braucht niemanden, keine Chefs, keine Frau. Oder, wie es Barbara McQueen sagt: „He is a man's man."

Schon zu Beginn seiner Karriere überlässt McQueen nichts dem Zufall. Er kontrolliert das Bild, das die Öffentlichkeit von ihm haben soll. Wann immer es geht, lässt er William Claxton Fotos von sich machen. Vor allem dessen Bilder sind es, die McQueen so sexy erscheinen lassen. Schon in den frühen 60er Jahren fotografiert er ihn, immer wieder. Bald sind sie befreundet.

Claxton darf auf alle Filmsets, macht private und offizielle Bilder vom kommenden Weltstar. McQueen im Porsche, im offenen Jaguar, mit seiner Frau Neile, auf einem Motorrad, mit freiem Oberkörper und verschwitzt. Gerade so, wie sich der Star in den Zeitungen sehen will. Oft wird behauptet, die Fotos zeigen McQueen von seiner „ehrlichen", privaten Seite. Doch Barbara bezweifelt das. Sie erkennt ihren Mann und dessen Charakter auf vielen Bildern kaum wieder. Vor allem Fotos, auf denen er schick gekleidet ist, wirken fremd für sie.

„Er hatte gar kein Verständnis für Mode", sagt sie. „Ich habe in seinem Kleiderschrank nicht einen Anzug oder Smoking entdeckt."

Es erscheint ihr beinahe unglaublich, dass ihr Mann in den 60er Jahren für eine Stilikone gehalten wurde. Er posierte für die Modebibeln *Harper's BAZAAR* oder für *GQ*. Im Film *Thomas Crown ist nicht zu fassen* trug er dreiteilige Anzüge und durch *Bullitt* machte er den Rollkragenpulli wieder salonfähig. Ganz zu schweigen von Millionen Ford Mustangs, die durch ihn verkauft wurden. Wenn er auf einem Foto ein weißes T-Shirt trug, wurde das als Modestatement verstanden. Doch der McQueen, den sie kennen lernt, ist nicht besonders wählerisch.

---

*Steve McQueen war ein Mann mit einfachem Geschmack. Er trug Jeans, Holzfällerhemden, Chukka-Schuhe und Fernfahrerkappen. Der größte Teil seiner Garderobe stammte tatsächlich aus der Requisite seiner Filme, er nahm das Zeug nach Drehschluss einfach mit. Ansonsten kaufte er seine Kleidung am liebsten in Supermärkten. Zum Beispiel bei Kmart.*

*Auch mich wollte er dazu bringen, dort einzukaufen. Zu Anfang unserer Beziehung ließ er mich ein 5-Dollar-Kleid anprobieren, nickte, als ich es ihm präsentierte, und sagte: „Okay, Schatz, du kannst zwei davon haben!" Dann fuhr er mich zu einer schicken Boutique am Rodeo Drive und kaufte mir ein Paar 200-Dollar-Schuhe – eine gewaltige Summe damals. Er sagte: „Frauen müssen schöne Schuhe haben." Ein komisches Modeverständnis, oder?*

*Da Steve freiwillig nie einen Anzug trug, hatten wir manchmal Probleme, Plätze in einem Restaurant zu bekommen. Einmal wollten wir auf einer unserer Reisen irgendwo in Kalifornien essen gehen. Doch der Kellner eines winzigen Restaurants sagte uns, wir dürften wegen unseres legeren Erscheinungsbildes nicht Platz nehmen. Steve bot Geld und Autogramme an. Vergeblich. Dem Ober war es egal, ob er Steve McQueen oder den Papst vor sich hatte.*

*„Sir, Sie müssen einen Anzug tragen, und die Dame muss ebenfalls anständig gekleidet sein", sagte er. Es war zwar kein 5-Sterne-Restaurant, aber sie hatten eben ihre Regeln. Das nervte Steve unglaublich. Er blickte zu einem Einkaufszentrum auf der anderen Straßenseite und sagte: „Geh und kauf das geschmackloseste Kleid, das du finden kannst." Ich fand ein hässliches Kleid und ein abscheuliches Paar Schuhe. Ich sah aus wie ein Flower-Power-Mädchen aus den 60ern. Aber Steve sah ebenfalls beeindruckend aus. Er trug einen hellblauen Polyester-Anzug mit einem gerafften Hemd und glänzenden weißen Lederschuhen. Wenn ich ihn nicht gekannt hätte, hätte ich ihn für einen schmierigen Gebrauchtwagenhändler gehalten.*

*Wir gingen in diesem Aufzug zurück zum Restaurant. Steve grinste den Kellner an, der nur mit den Augen rollte und sagte: „Oh nein, ich habe ein Monster erschaffen." Er geleitete uns zu einem Tisch, denn wir hatten uns nun einmal an den Dress-Code gehalten.*

―

Der „King of Cool" ist durchaus eitel. Vor allem seine Haare sind immer wieder ein Thema. Eines Tages kommt er nach Hause mit blonden Locken. Barbara kann es nicht glauben. „Schatz, was zur Hölle hast du mit deinen Haaren gemacht?", will sie wissen. „Ich habe eine Dauerwelle", sagt er und blickt schüchtern auf den Boden. Nur wenige Bilder belegen diesen modischen Aussetzer. Auf den meisten Fotos aus dieser Zeit sieht man ihn mit einem weißen Strohhut über den künstlichen Locken.

―

*Kurz nachdem wir zusammengekommen waren, führte Steve mich in den Club* The Daisy *am* Rodeo Drive *in* Beverly Hills. *Steve wollte mir wohl beweisen, dass er trotz unseres Altersunterschiedes von 25 Jahren noch immer ein Partylöwe war. Als wir auf die Tanzfläche schoben, verwandelte er sich zu einer Art* Austin Powers *mit angestaubten Tanzbewegungen aus einem vergangenen Jahrzehnt. Er tanzte Twist, Shag, Wausi und Clam, während jeder andere sich ekstatisch zum Disco-Beat bewegte.*

*„Oh Gott, ist das schlimm, ich sterbe!", dachte ich. Was aber noch verzeihlich war, verglichen mit der Musik, die Steve im Auto hörte. Immer wenn wir in sein Rolls-Royce-Cabrio stiegen, hatte er nur eine Kassette dabei, den Soundtrack zu* Saturday Night Fever, *einem seiner Lieblingsfilme. Der erste Song war* Stayin' alive *von den* Bee Gees.

*„Verdammt noch mal, du bist der verdammte Steve McQueen", schrie ich in das Falsett-Geplärre von Barry, Robin und Maurice Gibb. „Die Beatles oder die Stones, okay, bei denen würde ich verstehen, wenn du das Radio aufdrehst, aber die Bee Gees? Die bringen es doch wirklich nicht!"*

―

Barbara kann sich nicht erinnern, dass er die Kassette je weggeworfen hätte. Aber sie wollte auch nie wieder mit ihm tanzen gehen. Es war ihr einfach zu peinlich. Ihm nicht. Die Meinung anderer Leute scherte ihn nicht. Er fand sich cool. Er war Steve McQueen.

Lebensrolle einsamer Wolf. Barbara McQueen sagt: „He is a man's man."

KAPITEL 4
# COWBOY

Die Legende von Tom Horn hatte Steve McQueen schon lange fasziniert. Tom Horn war ein Spurenleser, ein Detektiv, Sheriff und Söldner, dessen Geschichten man an den Lagerfeuern des Wilden Westens erzählte. Sie handeln davon, wie er ganz allein die Gangsterbande von Butch Cassidy aufbrachte, wie er den Apachenhäuptling Geronimo überlistete, wie er als Pistolenmann reiche Rancher und deren Besitz schützte. 1901 kam er nach Wyoming. Der Farmer John C. Coble heuerte den alternden Cowboy an, um Jagd auf Viehdiebe zu machen. Dabei war eines Tages Willie Nickel, ein 14-jähriger Junge, erschossen worden. Man verhaftete Horn und verurteilte ihn in einem viel kritisierten Prozess zum Tode – obwohl es keinen Zeugen gab und Horn die Tat vehement abstritt. Aus Horn wurde ein gebrochener Volksheld, der Letzte seiner Art. Einer, der mit seinem Gewehr das Recht selbst in die Hand nahm. Und der stolz war, dass er den Strick selbst knüpfte, an dem er hängen sollte.

„Der Film handelt von einem Helden", sagt Steve McQueen zu einem Freund, der ihn fragt, warum er gerade diesen Film drehen will. „Es gibt doch nur noch wenige Helden auf der Welt." Diesen Mann will McQueen unbedingt spielen. Er liest alles über ihn, spricht mit Historikern, Schriftstellern und Justizexperten. 45 Stunden Tonbandaufnahmen hat Barbara McQueen allein mit Interviews, die ihr Mann zur Vorbereitung gemacht hat.

Auch wenn ihm zeit seines Lebens vorgeworfen wird, nur sich selbst zu spielen, bereitet sich McQueen akribisch auf seine Rollen

Dreharbeiten in Arizona: Ahnt McQueen, dass es seine letzte große Rolle wird?

vor. Er lernte seinen Beruf auf einer kleinen Schauspielschule in New York und spielte schon 1955 am berühmten *Actors Studio* von Lee Strasberg Seite an Seite mit James Dean. „Ich hatte diese Gabe in mir", sagt McQueen in einem Interview, „aber Strasberg hatte den Schlüssel, um sie aufzuschließen. Keiner gibt dir Talent. Das hat man oder hat es nicht, aber Lee zeigte mir die Richtung." McQueen kennt nur ein schauspielerisches Vorbild: Humphrey Bogart. Er liebt dessen reduzierte Art. Wie Bogart spielt auch McQueen am liebsten schweigsame Melancholiker.

Ahnt McQueen, dass Tom Horn seine letzte große Rolle sein wird? Vieles spricht dafür. Er hustet manchmal stark, flunkert Barbara vor, er habe eine Grippe, meidet aber jeden Arzt. McQueen scheint zu wissen, dass etwas nicht stimmt. Bereits als 17-Jähriger, während seiner dreijährigen Zeit in der Armee, hatte er fast täglich Kontakt mit Asbest. Er arbeitete als Mechaniker und reparierte Panzer, was erklärt, warum er so gut mit Motoren umgehen konnte. Einmal explodierte eine Batterie direkt vor seinem Gesicht und verursachte bei ihm einen bleibenden Hörschaden. Heute weiß man um die tödlichen Langzeitschäden, die schon kleine Mengen Asbest in der Lunge anrichten können. So auch bei ihm.

Den Mythos Tom Horn zu spielen, das bedeutet McQueen enorm viel. Er will dem alten Westernheld seine Ehre zurückgeben, er will gerecht sein, wo bisher Unrecht war. Vor Drehbeginn möchte er deshalb sogar Kontakt mit dem Reich der Toten aufnehmen. „Ich will nach Boulder zu seinem Grab", sagt er zu Barbara, „ich muss seine Schwingungen spüren." Sie fahren stundenlang übers Land, auf die andere Seite der Rocky Mountains, setzen sich an Horns Grab und machen ein Picknick. Dabei will Barbara tatsächlich Stimmen aus dem Jenseits vernommen haben. „Ich hörte Tom Horn", erinnert sich Barbara, „er sagte: Hahaha, du kleines, dummes Mädchen. Ich habe den Jungen getötet. Ich gebe es zu. Ich war es." McQueen hat anscheinend seine Antennen nicht richtig

Wohnmobil statt Luxussuite: McQueen wohnt drei Monate lang im Campingwagen.

Drehpause mit „Junior": McQueen liebte den ungezogenen Hund. Vielleicht, weil er genauso bissig und rebellisch war wie er selbst.

Barbaras schönste Zeit mit McQueen: „Nur er und ich, sein Hund und die wilde Weite der Wüste."

eingestellt. Er hört nichts. Von Horns Unschuld ist er nach dem Besuch in Boulder überzeugter denn je.

---

*Als wir auf dem Set der Dreharbeiten in Arizona ankamen, mietete der Produzent für uns ein teures, schön eingerichtetes Haus mit Pool. Falls es uns nicht gefallen sollte, bot er an, uns eine Suite in einem mondänen Hotel in Tucson zu reservieren. Steve, der Luxus nicht mochte, hatte einen anderen Plan: Er wollte die drei Monate in einem sechs Meter langen Wohnmobil verbringen. Für mich klang das fantastisch! Ich war bereit für das Abenteuer. Unser neues Haus auf Rädern wurde gleich am Set in der Kleinstadt Patagonia abgestellt. Steve zog das Wohnmobil nicht nur vor, weil er sich auf seine Rolle vorbereiten oder spüren wollte, wie es ist, im Wilden Westen zu leben – er mochte vor allem die Stille der Wüste. Die Nächte waren unvorstellbar ruhig, und es war der schönste Ort, um in den Himmel zu schauen und Sterne zu zählen.*

*Jeden Morgen joggte Steve mit Pat Johnson, seinem Stuntman und Karatelehrer. Steve zog dazu oft seine lange Unterhose an, zum Zeichen seines Protestes – er hasste diese Läufe. Abends gingen wir seinen Text für den nächsten Tag durch. Oft musste ich laut loslachen, weil er so steif dabei klang. Doch wenn er vor der Kamera stand, war er wie ausgewechselt. Dann war er magisch. Zur Erholung gingen wir reiten, hockten am Lagerfeuer, tranken Bier und schossen auf die leeren Dosen. Und wir schossen auf viele Dosen.*

*In dieser Zeit erlebten wir einige unserer schönsten Momente. Nur er und ich, sein Hund und die wilde Weite der Wüste.*

*Eigentlich war Steve kein Tierfreund, aber irgendwie schaffte es dieser Straßenköter Junior, sein Herz zu erobern. Als ich Junior das erste Mal begegnete, konnte ich ihn nicht ausstehen. Das Tier, eine Mischung aus Schäferhund und Collie, war aggressiv und versuchte jeden zu beißen. Als Steve und ich uns besser kennen lernten, freundete sich Junior mit mir an. Er war nun mein persönlicher, knurrender Bodyguard. In Arizona war Junior damit beschäftigt, jeden Zentimeter unseres Wohnmobils vor Kojoten und anderen Eindringlingen zu beschützen. Unser vierbeiniger Gefährte war nicht jedermanns Freund. Wenn sich einer von der Filmcrew unserem Bereich näherte, schnappte er zu. Steve musste nur einmal in eine andere Richtung blicken, und schon war Junior außer Kontrolle. Auch Steve biss er dutzende Male.*

*Als der Dreh zu Ende ging, war Junior auf einmal verschwunden. Ich glaube, dass er von einem seiner Opfer am Set in die Wüste gebracht und dort erschossen wurde. Vielleicht hat ihn auch ein Rudel Kojoten zerfleischt. Steve war untröstlich. Tagelang suchten wir den Hund, ritten durch die Wüste auf der Suche nach seinem Halsband, nach irgendetwas. Es war das erste und das einzige Mal, dass ich Steve weinen sah. Es brach einem das Herz. Junior war nicht gerade das angenehmste Haustier der Welt, aber Steve liebte diesen Köter.*

---

**70** McQueen ist freundlich zu allen Mitarbeitern auf dem Set von *Tom Horn*. Das ist erstaunlich, denn er gilt in der Filmbranche als jemand, der beim Drehen mit allen und jedem Streit anfängt. Früher kommandierte er nicht nur seine persönlichen Mitarbeiter herum, er behandelte sogar die Regisseure, als seien sie Praktikanten. Viele Fotos aus der Zeit zeigen ihn wild gestikulierend in den Drehpausen. Meist zeigt er den anderen Teammitgliedern, wie er sich die Szene vorstellt. Und wenn ihm ein Satz nicht passt, streicht er ihn einfach. Ob das dem Regisseur gefällt oder nicht. Oft hat McQueen auch Ärger mit seinen Co-Stars. Ob Dustin Hofmann, Yul Brunner oder Paul Newman – er will sie in Grund und Boden spielen. Und das lässt er sie auch vom ersten Drehtag an spüren. Freunde macht er sich damit nicht, aber das ist ihm egal. Er will sie dominieren.

Ganz anders verhält er sich beim Dreh von *Tom Horn*. Er kümmert sich rührend darum, dass es allen gut geht. An einem freien Tag organisiert er sogar ein Kart-Rennen. Er spricht mit Ne-

Drehpause: McQueen ist sogar freundlich zum Kameramann John Alonzo. Für einige am Set eine Sensation.

Familienbesuch: Chad besucht seinen Vater in Arizona. Dessen Husten bereitet dem 18-Jährigen Sorgen.

bendarstellern, Statisten, sogar mit der Fotografin. Wenn früher ein Schauspieler nach seinen Maßstäben nicht gut genug spielte, lästerte er über ihn, machte ihn vor versammelter Mannschaft lächerlich oder kürzte einfach dessen Szene. Kurz: Er verhielt sich vor allem seinen Kollegen gegenüber unerträglich arrogant. Und so erwarten alle eine Katastrophe, als die hübsche, aber mäßig begabte Linda Evans erscheint. „Du bist eine totale Fehlbesetzung für die Rolle", sagt er zur Begrüßung. Sie will losheulen, doch er lächelt sie an. „Du bist zwar immer noch eine Fehlbesetzung, aber ich werde dir helfen, es richtig zu machen." Er sucht Kleider für sie aus, lässt sie abschminken und verpasst ihr einen Goldzahn. Linda Evans ist zunächst alles andere als begeistert.

„Wenn du eine richtige Schauspielerin sein willst, musst du lernen, ohne Kleider, Kosmetik und Requisiten auszukommen. Du wirst es mehr und mehr verstehen nicht die Linda zu sein, die du vorgibst zu sein, sondern die Linda, die ohne Requisite schön ist. Habe nie Angst davor, du selbst zu sein", rät er ihr. Später wird Linda Evans sagen, erst diese Tage mit Steve McQueen hätten sie zur Schauspielerin gemacht.

McQueen ist offensichtlich dabei, seinen Frieden zu schließen. Er lädt sogar Barbaras Eltern ein, obwohl er Besucher nicht ausstehen kann. Gene Minty, einem brummigen Milchbauern ohne jede Schauspielerfahrung, gibt er die Rolle des Hilfssheriffs. Und Barbaras Mutter darf in einer Szene als Statistin eine staubige Straße überqueren. McQueen hat Respekt vor Barbaras Vater. Das Filmangebot soll ihn besänftigen. Denn Gene Minty ist alles andere als begeistert von der Vorstellung, dass seine Tochter mit jemandem zusammenlebt, der fast so alt ist wie er selbst. McQueen fürchtet sich auch ein wenig vor Minty, weil in dessen Haus ein Foto hängt, auf dem Gene mit einem frisch erlegten Bären posiert. „Wenn du keine ehrbare Frau aus mir machst", droht Barbara, „kommt mein Vater, und wir haben eine echte *Shotgun Wedding*." Er weiß, dass in

McQueen zu Co-Star Linda Evans: „Du bist eine totale Fehlbesetzung für diese Rolle." Sie bricht beinahe in Tränen aus. Er sagt: „Aber ich werde dir helfen, es richtig zu machen."

der scherzhaften Drohung ein Funken Wahrheit stecken könnte. Farmer Minty, ein Freund geladener Gewehre, scheint ein Kerl zu sein, der vor niemandem Angst hat.

Schon gar nicht vor jemandem, der außer auf Bierdosen und ein Badezimmerfenster noch nie auf etwas geschossen hat.

Der Schauspieler kann gut schießen. Aber nur auf Bierdosen.

KAPITEL 5
# DER HIMMEL ÜBER SANTA PAULA

Als Barbara Minty und Steve McQueen im März 1979 nach Malibu zurückkehren, hat er noch 18 Monate zu leben. Sein Husten ist stärker geworden. Doch einen Arztbesuch lehnt er weiterhin ab. Er will nichts von einer Krankheit wissen. Seine Medizin: viele Dosen kaltes *Old Milwaukee* und Schokoladenkuchen. Basta! Barbara und er liegen morgens lange im Bett. Meist setzt er seine Lesehilfe aus dem Supermarkt auf und stöbert nach Sonderangeboten in den Zeitungen. Er liebt es, Schnäppchen zu machen. Anzeigenhefte sind seine Lieblingslektüre. Hier findet er seine Motorräder, Autos, Spielzeuge und Waffen. An diesem Morgen liest er den *Airplane Trader*, ein Magazin für gebrauchte Flugzeuge.

Das Foto eines gelben Doppeldeckers lässt ihn nicht los. Das Flugzeug, Baujahr 1940, wurde zur Pilotenschulung der US-Navy während des Zweiten Weltkriegs eingesetzt. 35.000 Dollar will der Besitzer dafür haben. Steve ruft an. Von diesem Moment an, noch vor der morgendlichen Dusche, besitzt er ein Flugzeug. Jetzt braucht er nur noch einen Pilotenschein. In den nächsten Stunden findet er heraus, dass ein wichtiger Ort für antike Flugzeuge nur eine Autostunde von Las Trancas entfernt liegt: In Santa Paula, einer kleinen Stadt im Norden Malibus, treffen sich viele, die mit alten Flugzeugen zu tun haben. Keine Frage: Das ist sein nächstes Ziel.

In Santa Paula angekommen, zeigt er sich begeistert von der Atmosphäre des Flughafens. Überall Oldtimer der Lüfte, kauzige Piloten und Mechaniker, die an ihren Kisten schrauben, das ist sei-

Ein Mann und sein Lebenshobby: Mit 49 lernt McQueen fliegen.

ne Welt. Niemand erkennt den Hollywoodstar. Er hört sich um und entdeckt, dass es in Santa Paula einen legendären Fluglehrer gibt: Sammy Mason. Der ist, wie die meisten seiner Fluggeräte, ein älteres Baujahr. Nur selten gibt der ehemalige Flugakrobat noch Unterricht.

Als eines Abends ein Mann anruft, hört Mason zwar den Namen Steve McQueen, kann ihn aber nicht einordnen. Er kommt zu dem Schluss, dass es sich entweder um den Tankwart oder den Schlachter handeln muss. Er tippt auf den Schlachter, da sich der Tankwart wohl kaum Flugstunden leisten kann. „Ich hatte zu dieser Zeit mehr Schüler, als mir lieb war", erinnert sich Mason später. „Daher sagte ich dem Anrufer, dass mein Sohn Pete noch Zeit hätte. Aber dieser Typ gab keine Ruhe. Er bot mir mehr Geld an, wenn ich sein Lehrer würde. Ich dachte: Dieser verdammte Schlachter, nimmt seine Kunden aus, um fliegen zu lernen! Der kann mir mal den Buckel runterrutschen."

McQueen lässt nicht locker. Von nun an ruft er jeden Abend an. Mason zeigt sich beeindruckt von der Hartnäckigkeit des Anrufers und schließlich willigt er ein, ihn am Flughafen zu treffen. Als sich die beiden gegenüberstehen, erkennt Mason den Schauspieler an dessen blauen Augen. Die beiden finden sich auf Anhieb sympathisch. Aber Mason besteht darauf, dass jeder neue Schüler die Grundkenntnisse bei seinem Sohn Pete lernen muss. Er ist schließlich einer der größten Piloten der Welt und nicht gewillt, Anfänger zu unterrichten – mögen sie noch so berühmte Schauspieler sein. McQueen ist am Ziel. Der Himmel kann erobert werden.

―

*Steve tauchte völlig in die Fliegerei ein. Bald bestimmte der Flughafen von Santa Paula unseren Alltag. Ich hatte meine Laufbahn als Model gegen eine Startbahn eingetauscht. Ich glaube fast, für Steve bestand ein Teil der Faszination schon darin, sich wie ein Flieger anzuziehen. Er liebte diese*

McQueen und sein Fluglehrer Sammy Mason, der für ihn eine Vaterfigur wurde.

Niemand vermutete unter diesem albernen Hut einen Hollywoodstar.

*altmodischen Fliegerbrillen, diese Overalls und Bomberjacken aus Leder. Sicher sah er gut darin aus, aber in diesem Aufzug hätte man ihn auch für einen lang verschollenen Wright-Bruder halten können.*

*Bald wurden wir ein Teil der Flugshow-Szene. Steve wollte mit seiner Boeing Stearman an der Watsonville Flugshow teilnehmen. Dort stellte er sein Flugzeug auf und schrieb „Bob Minty" als Eigentümer auf den Ausstellungszettel. Steve versuchte an diesem Wochenende, seine Identität um jeden Preis zu verschleiern. Irgendwie kam ein hässliches rotes Hütchen in seine Hände, und noch schlimmer: auf seinen Kopf. Ich konnte es nicht fassen, genauso wenig wie die Leute um mich herum, die glauben mussten, einen gigantischen Obstkuchen in ihrer Mitte zu haben. Hier lief einer der größten Machos Hollywoods durch die Gegend, als wäre er Rotkäppchen.*

---

Auch wenn die Verkleidung lächerlich wirkt, hat sie doch einen Vorteil: Niemand kommt auf die Idee, dass der Irre mit dem Hut Steve McQueen sein könnte. So kann er unerkannt durch die Reihen der Flugzeuge schlendern. Für ihn ist es wie ein Gang durch ein Pralinengeschäft. McQueen hat neben Motorrädern und Autos eine neue Kategorie von Spielzeug entdeckt: Doppeldecker. Und er hat ein gutes Händchen für Raritäten. Er kauft die einzige Maschine des Flugzeugbauers *Pitcairn,* die mal als Postflugzeug geflogen ist. Sogar der Hersteller ist neidisch auf McQueens Fund.

Wenn er nicht fliegt, putzt er die Maschinen, wachst und poliert sie. Sie sind seine Schätze. Auch Barbara nimmt mittlerweile Flugstunden. Jeden Tag sind sie in der Luft. Oft fliegen sie parallel.

---

*Im Sommer 1979 hatten Steve und ich genug Flugstunden absolviert, um uns zur Pilotenprüfung anzumelden. Steve war schon im Mai das erste Mal allein geflogen und beherrschte bereits einige akrobatische Stunts, wäh-*

*rend ich schon zufrieden war, wenn mir eine Landung halbwegs glückte und ich heil am Borden war. Steve saß unermüdlich und unerschrocken im Cockpit und konnte stundenlang und ohne Pause fliegen. Er war athletisch, und seine exzellente Hand-Augen-Koordination machte ihn zum geborenen Flieger.*

*Er mochte nichts lieber, als mit seinem Flugzeug abzuheben und alte Freunde und Motorrad-Kumpels zu besuchen. Eine seiner Lieblingstouren war ein 45-Minuten-Flug zum Agua Dulce Airpark. Auf der Landebahn dort war ein großes X aufgemalt, als Hinweis darauf, dass sie außer Betrieb war, also landete Steve dort besonders gern. Er mochte selbst das Essen in den Flughafencafés. Oft landete er nur deshalb auf den Flughäfen von Santa Barbara, Porterville, Bakersfield, Delano oder Shafter, weil er Lust auf einen Kuchen mit Eiscreme verspürte.*

*Dummerweise reichten seine außerordentlichen Flugkünste nicht aus, als die theoretische Prüfung für den Pilotenschein anstand. Steve war Legastheniker. Lesen und lernen hatten ihm sein ganzes Leben Schwierigkeiten bereitet. Er hatte zwar gute Instinkte und Köpfchen, aber wenn er vor einem Test saß, bekam er Probleme. Doch er war ein Hollywoodstar, und das öffnete ihm viele Türen, die anderen in seiner Situation verschlossen geblieben wären. Als der Prüfer Steves Fragebogen überflogen hatte, gab er ihn zurück und sagte: „Okay, du hast noch zehn Minuten."*

*Steve starrte auf das Papier, las alles noch einmal durch, doch es half nichts. Er fiel durch, während ich die Prüfung bestand. Die Typen vom Flughafen rieben ihm nun dauernd unter die Nase, dass seine Alte ein erfolgreicherer Pilot sei als er selbst.*

―

Steve fällt ein zweites Mal durch die Prüfung. Erst beim dritten Versuch bekommt er seine Pilotenlizenz. Drei Monate nach seinem Entschluss, abzuheben, hat er nicht nur Flugzeuge – er darf sie auch ohne Einschränkung fliegen. Er geht völlig darin auf, kennt kaum ein anderes Thema. Barbara hat ihn nie so glücklich gesehen. Doch

Echte Freunde: Schauspieler Lee Majors teilt McQueens Leidenschaften.

die täglichen Fahrten von Malibu nach Santa Paula nerven ihn. Er möchte am liebsten zusammen mit seinen Flugzeugen wohnen. Ein Hangar am Rande des Flugfeldes, in dem ein Mechaniker Hubschrauber repariert, hat es ihm besonders angetan. McQueen erkundigt sich, ob der Hangar zum Verkauf steht, doch der Mechaniker lehnt ab: „Dann kann ich mein Geschäft ja gleich schließen", sagt er. McQueen fragt, was das komplette Geschäft kosten soll. Der Mann überlegt eine Weile und nennt einen enormen Preis. Steve beschimpft ihn als verkommenen Wucherer. Ein paar Stunden später aber ruft er ihn an und unterbreitet folgendes Angebot: Wenn der Mechaniker den Hangar innerhalb der nächsten 30 Tage räumt, bekommt er den geforderten Preis. Der Mann zögert nicht. Wieder hat Steve bekommen, was er will.

„Es gibt keinen Ort, der meinem Zuhause ähnlicher ist", sagt er zu Barbara. „Hier möchte ich sterben." Der Ort ist Santa Paula, 20.000 Menschen wohnen hier, keinen von ihnen kümmert es, ob Steve McQueen ein reicher Filmstar ist. Santa Paula erinnert ihn an seine Heimatstadt Slater, Missouri. Er hat das Gefühl, zu seinen Wurzeln zurückgekehrt zu sein.

---

*Irgendwann fragte er mich, ob ich etwas dagegen hätte, wenn wir vorübergehend, bis wir ein passendes Heim gefunden hätten, in den Hangar einziehen könnten. Ich fand das romantisch, und wir richteten uns dort ein, so gut es ging. In einen Teil brachten wir den Bettkasten mit der großen Matratze, daneben standen ein Esstisch und Stühle. Neben unserem Bett brachten wir behelfsmäßig eine Stange an, die als Kleiderschrank diente. Und zur Abendunterhaltung stellten wir ein tragbares Fernsehgerät am Fußende unseres Bettes auf.*

    *Steve war ein großer Fan alter Filme, vor allem von Schwarz-Weiß-Streifen der 30er und 40er Jahre. Filme, die er wahrscheinlich als Kind gesehen hatte. Er liebte Hollywoods goldene Ära. Überraschenderweise moch-*

te er aber auch schmalzige Serien, und wir verpassten keine Folge von The Love Boat *und* Fantasy Island *am Samstagabend.*

Unsere neue Wohnung war so eng, dass ich mir beim Aufstehen schon mal den Motorradlenker in den Bauch rammte oder den Kopf am Flügel einer *Stearman stieß. Dafür brachte mir Steve jeden Morgen den Kaffee ans Bett und öffnete das Hangartor, damit wir die Welt vom Bett aus beobachten konnten. Es war jeden Tag ein großartiger Anblick.*

---

Schnell wird aus dem Hangar ein Museum aus Lieblingsmotorrädern, Autos, alten Pferdesätteln, Schaukelstühlen oder Kinosesseln. Während die anderen Piloten vor dem Hangar Bier trinken, sitzt Steve manchmal an seinem Arbeitstresen und telefoniert. Die Mitarbeiter im Büro wollen ihm Drehbücher schicken, ihn zu neuen Rollen überreden. Immerhin schuldet er einem Hollywoodstudio noch drei Filme, für die er schon im Voraus kassiert hat. Aber er zeigt immer weniger Interesse an deren Vorschlägen. Ab und zu liest er abends im Bett ein Manuskript, meistens absolut lustlos. Viel lieber will er mit seinen neuen Freunden über die Fliegerei reden. Manchmal setzt sich ein älterer Herr dazu. Er hat eine Kappe der Marine auf dem Kopf. Seine Hose wird von grauen Trägern gehalten. „Er kam an, grüßte und nahm einfach Platz", sagt Barbara. „Er nahm sich ein Bier und setzte sich auf Steves Lieblingsstuhl." Bis heute weiß sie nicht, wer der Mann war.

Folgende Seite: Momente, die McQueen genießt: Nachbarn und Bekannte sind auf ein Bier vorbeigekommen, und man führt launige Fachgespräche über Flugzeuge.

McQueen geht völlig auf in der Fliegerei. Doch Barbara besteht als Erste die Theorieprüfung. McQueen ist Legastheniker.

Arbeitstisch im Hangar: Hier liest Steve McQueen Drehbücher und verhandelt mit Agenten. Unter ihm ein Spucknapf für den Kautaback, im Hintergrund sein Sattel.

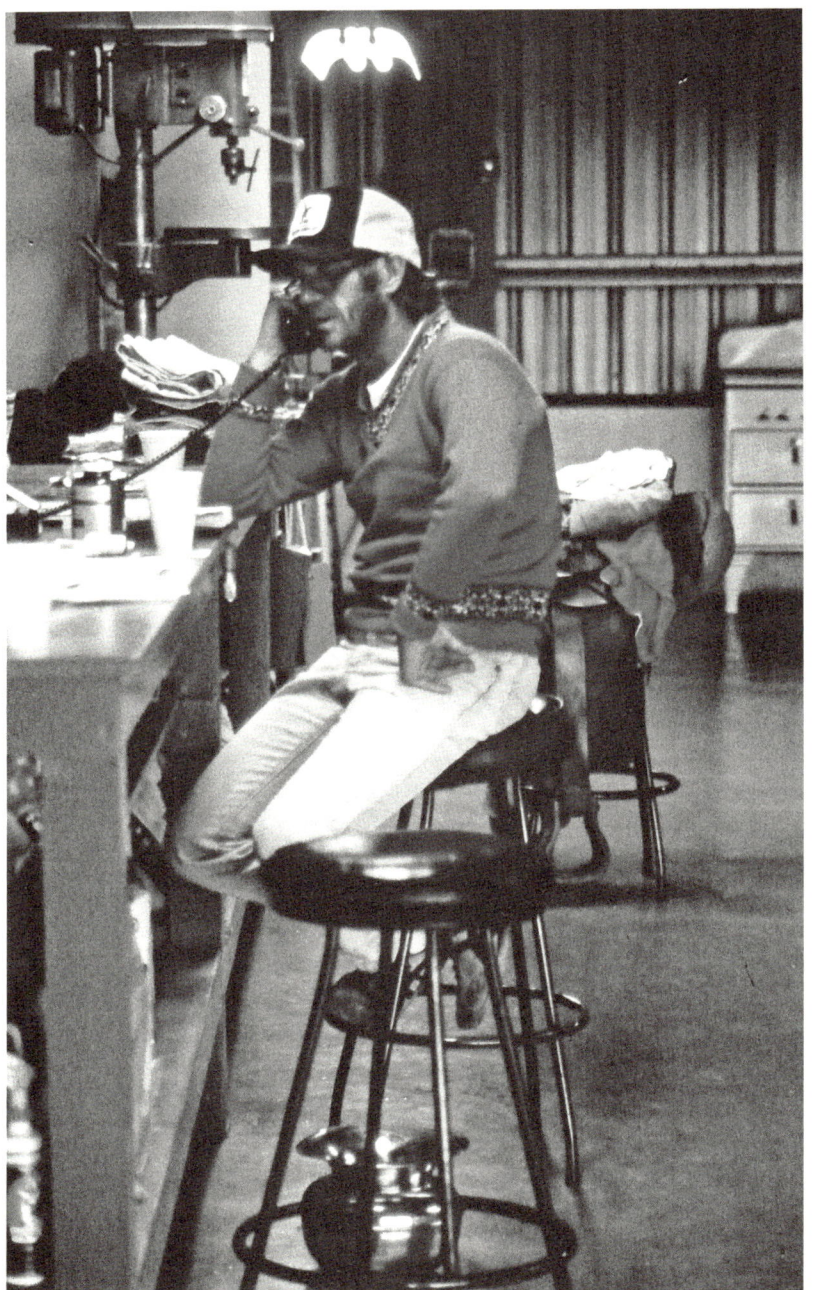

Geliebte Routine: McQueen hatte einen Putzfimmel – wenn es um seine Hobbys ging.

KAPITEL 6
# SPIELZEUG

McQueen ist so fasziniert von seinem neuen Hobby, dass er darüber sogar seine alte Leidenschaft vernachlässigt: Motorradrennen. Noch ein Jahr zuvor lud er regelmäßig Enduro-Maschinen auf einen seiner Pick-ups, um mit ihnen in der Wüste von Kalifornien herumzurasen. Meist nahm er Bud Ekins mit, einen seiner Stuntmänner. Ekins war es, der in dem Film *Gesprengte Ketten* für McQueen den berühmten Sprung mit einem Motorrad über einen Stacheldrahtzaun machte. Noch immer liebte es McQueen, an Motocross-Rennen teilzunehmen, mit denen er in den 50er Jahren seine Schauspielschule in New York finanzierte. Als er durch seine Filme bekannt wurde, startete er unter dem Pseudonym Henry Mushman. Er wollte behandelt werden wie jeder andere Fahrer auch.

In Santa Paula rührt er die Enduros kaum noch an, lieber tuckert er mit einer großen *Harley-Davidson* durch die Gegend. Wenn er mit Barbara Ketchum besucht, steigt er morgens oft auf eine seiner Maschinen und fährt die Landstraße vom Sun Valley in Richtung Shoshone. Die Straße führt gerade wie ein Strich durch die Weite von Idaho. Über eine Stunde fährt er so. 75 Meilen weit, immer geradeaus. Im kleinen Örtchen Shoshone biegt er rechts ab, fährt über den Bahndamm und steigt beim *Manhattan-Café* von seiner Maschine.

Wer sich alte Postkarten von Slater ansieht, dem Ort, in dem er seine Jugend verbracht hat, und sie mit dem Blick vergleicht, den er aus dem Fenster des Cafés hat, ahnt, warum es ihn hierhertreibt:

(Kurz-)Reisender mit Stil: McQueen fliegt oft zu einem nahen Flughafen und trinkt dort Kaffee.

Die Ähnlichkeiten sind nicht zu übersehen. Beide Städtchen wurden als Bahnstation gegründet. Damals, als Cowboys noch gegen Indianer kämpften und Dampflocks Züge zogen. Er setzt sich auf die plastikbezogene Sitzbank am Fenster des *Manhattan-Café,* trinkt einen Kaffee, isst einen Burger mit gebratenen Kartoffeln, danach einen Schokoladenkuchen. Dazu trinkt er Bier. Meist hockt er eine Stunde in dem Café, blickt auf die Straße und den Bahndamm. Niemand belästigt ihn. Keiner setzt sich zu ihm und will ein Autogramm. Die Gäste des *Manhattans* sind Farmer aus der Gegend, die sich wenig aus Filmstars machen. An den Wänden hängen Fotos der Gleisarbeiten von 1882. In dieser Umgebung fühlt sich McQueen wohl.

Wenn er zurück ist, fragt Barbara nicht, wo er war, denn sie weiß, dass er immer dasselbe Ziel ansteuert. Eines Tages sagt er: „Ich möchte noch einmal nach Slater." Er war seit über 30 Jahren nicht mehr in dem Ort, in dem er zur Schule ging. Nun hat er Sehnsucht nach „zu Hause" wie er es plötzlich nennt. Sie nehmen sich die Reise vor, schmieden Pläne – doch sie fahren nicht. Immer kommt etwas dazwischen. Als hätte er Angst davor, sich mit seiner Jugend auseinanderzusetzen. Stattdessen sammelt er wie besessen Dinge, die er in seiner Kindheit nie hatte: Spielzeug.

*Wenn Steve und ich gerade nicht flogen oder Motorrad fuhren, verbrachten wir endlos viel Zeit auf der Suche nach Antiquitäten, Möbeln, Spielzeug, Motorrad-Teilen und allerlei Krimskrams. Wir durchstöberten die Regale der Antiquitäten- und Gebrauchtwarenläden, gingen zu Garagenverkäufen und Tauschbörsen. Steves einziges Kriterium für einen Kauf: Alt muss es sein. „Das Neueste, was ich habe, bist du", sagte er oft zu mir.*

Vernunft spielt in den Kaufentscheidung eine untergeordnete Rolle. Wenn McQueen zum Beispiel nach einer Laterne sucht und fünf derselben Sorte findet, nimmt er gleich alle mit. Es ist, als wolle er nachholen, was ihm in seiner Kindheit gefehlt hat und was er sich auch als Jugendlicher nicht leisten konnte. Das Einzige, was er sich nicht kaufen kann: Zeit, all die schönen Dinge zu genießen.

Gerne fährt McQueen auch mit seinem alten Freund Lee Majors durch die Gegend. McQueen ist der berühmteste Kinoheld, Majors der bekannteste TV-Darsteller (u. a. *Der Sechs-Millionen-Dollar-Mann*). Doch die Ausflüge verlaufen nicht besonders glamourös. Majors erinnert sich: Immer, wenn er seinen Freund anruft, um sein Kommen anzukündigen, bittet dieser seinen Sohn Chad, er möge die Kühlbox mit vielen Sixpacks *Old Milwaukee* befüllen. Die Box landet auf der Ladefläche des Pickup-Trucks – und los geht es zu den kleinen Antik-Geschäften an der Küste.

„Ich habe keine Ahnung, warum er ausgerechnet *Old Milwaukee* so gerne mochte", erinnert sich Majors. „Jedenfalls bekam er davon Darmwinde. Aber es machte Steve auch nichts, das Gas rauszulassen." Mit ein paar Bieren im Blut klappern die Bärtigen kleine Krämerläden entlang des Pacific Coast Highways ab. Meist skeptisch beäugt vom Shopbesitzer. Die Freunde wollen fast immer dieselben Dinge haben und fangen an, sich gegenseitig auszustechen. Wenn der eine 30 Dollar für ein Blechauto bietet, sagt der andere: okay, 35. So geht es minutenlang. Keiner will nachgeben. Und der Shopbesitzer ist am Ende oft verblüfft, was die schlecht gekleideten Typen bereit sind, für den alten Krempel auszugeben.

Wenn es sich um besondere Dinge handelt wie Flugzeuge oder Motorräder, lässt sich McQueen die Einkäufe gerne liefern. Ein Motorradhändler muss zwei *Indian*-Maschinen zu ihm ins *Beverly Wilshire* bringen. Zuerst lassen die Portiers den Mann nicht ins Hotel. Sie wollen, dass er die Maschinen in der Tiefgarage abstellt, aber der hat ganz eindeutige Anweisungen, die Motorräder nicht in die Garage zu bringen, sondern im Penthouse abzuliefern. Sonst gibt es auch kein Geld. Nach langen Verhandlungen darf der Mann

Zwei von 120 bereiften Schätzen: eine *Indian* von 1934 und eine *Harley-Davidson* von 1929.

mit den *Indians* in den Fahrstuhl. Als McQueen die Tür zu seinem Apartment öffnet, sieht der Händler, dass er nicht der erste war, der seine Ware hierher liefern musste: Hinter der Couch parkt bereits eine *Harley-Davidson*.

Trotz seiner Kaufsucht ist McQueen knauserig und stellt den Motorradmechaniker Sammy Pierce ein, der für ihn als Käufer seltener Maschinen auftreten soll. Viele Händler, bei denen der Schauspieler schon einmal gekauft hat, schlagen mittlerweile einen „Hollywood-Bonus" auf den normalen Preis, was McQueen maßlos ärgert. Auch hier möchte er genau so behandelt werden wie alle anderen.

Vor allem Maschinen der Marke *Indian* haben es McQueen angetan. Als Pierce das erste Mal die Garage in Las Trancas betritt, kommt er in ein Museum und auf einen Schrottplatz. Die *Harleys* stehen akkurat aufgereit am Ende der Halle, katalogisiert nach Jahrgang und Modellreihe. Das Baujahr hat McQueen mit weißer Farbe auf der Gabel eingetragen. Die *Indians* müssen noch registriert werden. Es ist die Aufgabe von Pierce, sie zu restaurieren und neu zu lackieren. Dem Sohn des Mechanikers weist McQueen eine andere Aufgabe zu. In der Mitte des Raumes liegt ein riesiger Berg mit Ersatzteilen. Er soll die guten von den unbrauchbaren Teilen trennen – doch auf keinen Fall etwas wegwerfen, mag es noch so ölig und kaputt sein. Alle Sachen, die McQueen besitzt, haben ihre Geschichte, seine Geschichte. Je älter er wird, umso wichtiger sind ihm die Dinge, die er gesammelt hat.

Einmal kommt ein Schuljunge über das Rollfeld in Santa Paula geschlurft und will sich umsehen. McQueen hasst es, wenn Fremde um seinen Hangar schleichen. Er scheucht den Jungen weg. Barbara sagt: „Meinst du nicht, du bist etwas grob zu dem Kleinen?" Da läuft McQueen hinter ihm her und lädt ihn ein, sich die Motorradsammlung anzusehen. Zwei Stunden zeigt er ihm jede Maschine, erklärt jedes Detail. „Er liebte seine Motorräder wirklich", sagt Barbara. Sie kann sich auch noch sehr gut an einen Nachmittag erinnern, an dem er mit einem Geschenk vor ihr steht. Es fühlt sich an wie ein Kleid. Sie packt es schnell aus und entdeckt einen Blaumann.

Er sagt: „Der ist für dich, Honey. Jetzt zeige ich dir, wie man ein Motorrad auseinanderbaut."

Knauser mit Kaufsucht: McQueen hasste es, einen „Hollywood-Bonus" zu bezahlen.

McQueen liebte das Leben als Flieger. Reparaturen erledigte er gerne selbst.

Eine seiner schönsten Maschinen: Mit dieser *Indian Chief* fuhr er gerne auf dem Pacific Highway.

KAPITEL 7
# DIE RANCH

Jeder Morgen beginnt für das Paar mit einem Knopfdruck, wenn sie per Fernbedienung die Tür des Hangars öffnen. Sie blicken in die aufgehende Sonne und liegen Arm in Arm in seinem Lieblingsbett mit dem massiven Messingrahmen, das nur 1,40 Meter breit ist. Sie schieben eines seiner Flugzeuge heraus, und er fliegt auf eine Tasse Kaffee nach Indian Dunes, einem seiner Lieblingsflughäfen. Nachmittags kommen manchmal Freunde vorbei und bestaunen seine Motorradkollektion, die mittlerweile auf über 150 Maschinen angewachsen ist. McQueen geht sogar zur Kirche, meist mit Sammy Mason oder dessen Sohn Pete. Mason ist ein gottesfürchtiger „Wiedergeborener Christ" mit einem ausgeprägten Hang zum Missionieren. Manchmal kommt sogar ein befreundeter Pastor zu Besuch und veranstaltet Bibelstunden vor dem Hangar.

McQueen scheint endlich angekommen zu sein. Die Menschen in Santa Paula lieben ihn und er liebt es, unter ihnen zu sein. Als er seinen ersten Soloflug absolviert, lädt er sogar zu einer Party ein. Früher hasste er größere Menschenansammlungen. Nun lässt er sogar Unbekannte in seinen Hangar. Die meisten Bewohner von Santa Paula danken es ihm und schützen ihn vor der neugierigen Presse, die darüber berichten will, dass Hollywoods größter Star nun in einer Garage lebt. Kommt ein Reporter in den Ort, stellt sich jeder stumm. Doch Barbara hat allmählich genug vom Leben im Hangar. Sie ist 26 Jahre alt und hat noch nicht einmal eine Toilette mit Wasserspülung. Genug ist genug, findet sie.

Barbara McQueens Lieblingsfoto: der erste Kaffee kurz vor dem Abflug.

*Das Leben im Hangar mit Steve war cool – zumindest sechs Monate lang. Ich bin zwar nicht besonders wählerisch, aber wie jede Frau träume auch ich davon, in einem schönen Haus mit weißem Lattenzaun zu leben. Mit einem Kleiderschrank, einer Küche und einem Ofen. Im Hangar fühlte man sich manchmal wie im Zelt. Wir hatten viel Spaß und alles, was man braucht. Nur an Platz fehlte es, besonders, nachdem Steve ein zweites Flugzeug kaufte, eine neuwertige* Pitcairn PA Mailwing. *Ich sehnte mich nach einem richtigen Zuhause mit Zimmerpflanzen, Haustieren und einem Garten – und einer eigenen Garage für Steves Auto- und Motorradsammlung. Irgendwann aber hatte ich Steve so weit, dass wir nach einem neuen Haus suchten.*

―

Sie beauftragen einen Makler, und finden drei Meilen vom Flughafen entfernt ein altes, viktorianisches Farmhaus von 1896. Es ist zwar klein und hat seine besten Zeiten lange hinter sich, aber es kostet auch nur 100.000 US-Dollar. Es steht auf einem sieben Hektar großen Grundstück am Fuße eines Berges, es gibt Ställe für Pferde und Hühner. Barbara ist begeistert. Sie lassen das Haus von John Daly restaurieren, einem Handwerker, den McQueen schon lange kennt. Er hat den Auftrag, alles herauszureißen, was nicht aus der Zeit stammt, in der das Haus gebaut wurde. Nur zwei Dinge aus der Neuzeit dürfen einziehen: eine Waschmaschine und ein Trockner, beides Barbaras Bedingungen. Dafür bekommt McQueen eine Garage, die groß genug ist für seine antiken Autos und seine Motorräder.

Als das Haus fast fertig ist, sagt McQueen zu John Daly: „Ich kann dir nicht sagen, wie oft ich daran gedacht habe, ein Haus in den Bergen zu besitzen. Und nun bin ich hier. Aber jetzt habe ich diesen Husten, der mich wirklich stört. Komisch, er kommt immer nur nachts." Daly denkt sich nichts weiter dabei. Schließlich hatte er seinen Auftraggeber noch nie husten gehört. Im Gegenteil:

McQueen hilft Daly, so oft er kann, pflügt sogar mit einem Trecker den Acker um und hilft beim Betonieren der Veranda.

Kurz vor dem Einzug müssen Barbara und er für längere Zeit zu Dreharbeiten. Er hat Angst, dass Diebe seine Kostbarkeiten stehlen könnten, und bittet seinen Helfer Grady Ragsdale, vor dem Haus in einem Campingwagen Wache zu schieben. McQueen malt ein Schild, das er an der Pforte anbringt: „Jeder, der über diesen Punkt hinausgeht, sollte einen verdammt guten Grund haben."

*Das Einzige, was mir fehlte, war der weiße Lattenzaun um das Haus herum, den ich mir immer gewünscht hatte. Dann kam ich einmal von einem meiner Model-Aufträge, die ich immer seltener annahm, aus Los Angeles zurück. Als ich nach Hause kam, überraschte Steve mich mit einem weißen Zaun.*

*Endlich war unser Haus perfekt.*

Noch kann Barbara nicht ahnen, dass sie in diesem Haus die schwersten Stunden ihres Lebens verbringen wird.

Endlich angekommen: McQueen liebt die kleine Farm von 1896. Und Barbara hat endlich ihren ersehnten, weißen Lattenzaun.

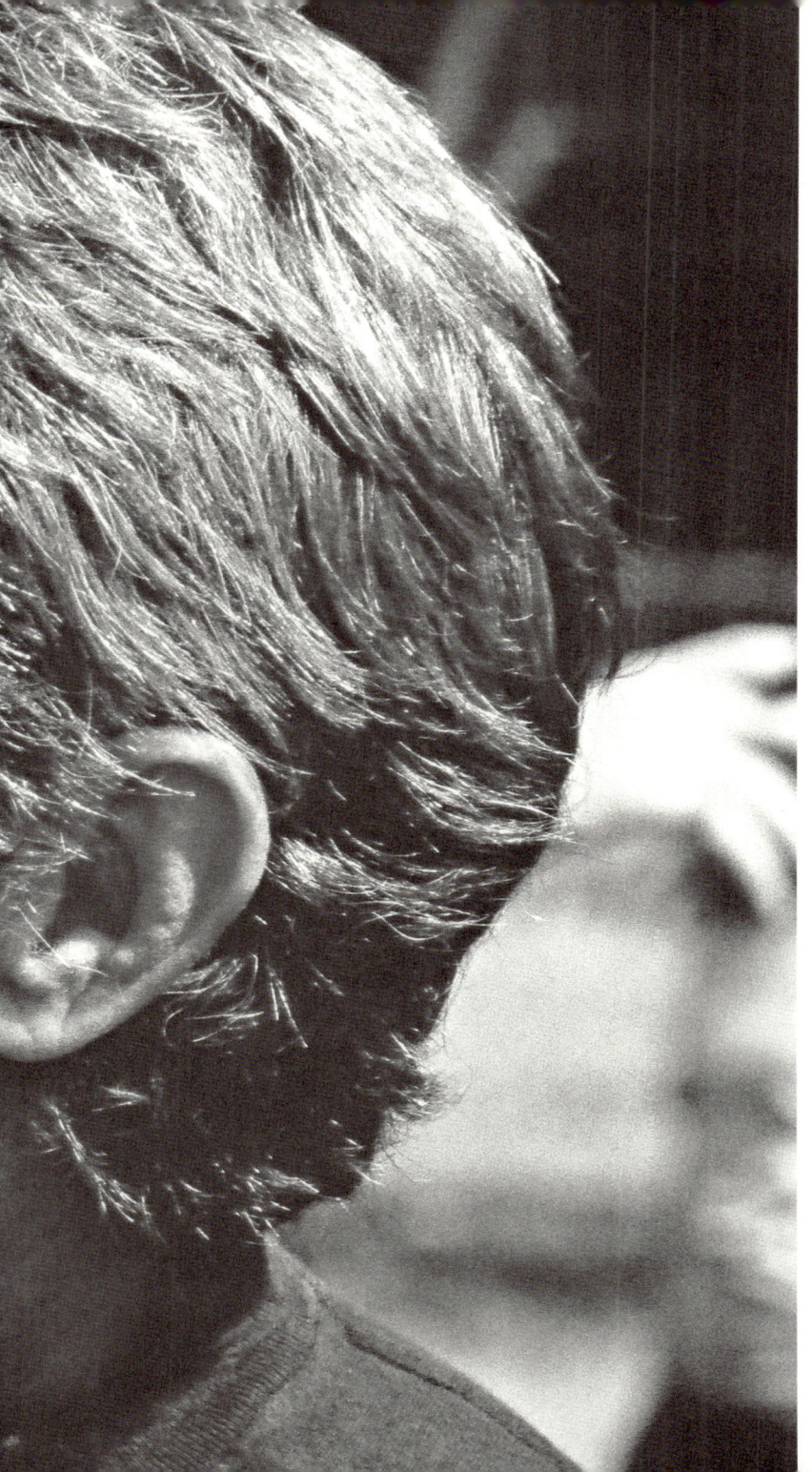

Ein letztes Mal vor der Kamera: McQueen spielt den Kopfgeldjäger Ralph Thorson.

KAPITEL 8
# SEIN LETZTER FILM

McQueen ist so lesefaul, dass ihn selbst der Blick ins Telefonbuch nervt, doch als er das Drehbuch eines jungen Autoren namens Christopher Keane erhält, ist er fasziniert. Er ist dermaßen begeistert, dass er es in einer Nacht durchliest. Im Morgengrauen steht sein Entschluss fest: Er will daraus einen Film machen. Das Buch heißt *The Hunter* und behandelt die wahre Geschichte eines Kopfgeldjägers namens Ralph Thorson. Thorson hat in seiner Laufbahn mehr als 5.000 Kautionsflüchtlinge eingefangen und den Behörden übergeben. Ein Mann, ganz nach McQueens Geschmack.

Der Superstar lädt den Drehbuchautor Keane und den Kopfgeldjäger Thorson in eine Suite des *Beverly Wilshire Hotels*. Das Gespräch zieht sich in die Länge, dauert schon fünf Stunden, weil McQueen jedes noch so kleine Detail des Skripts besprechen möchte. Im Nebenzimmer steht ein seltsamer Sessel, der dem Autor auffällt. In der Rückenlehne klafft ein großes Loch, die Füllung liegt im ganzen Raum verteilt.

„Was ist denn damit passiert?", erkundigt sich Keane.

„Ein Regisseur, den ich mit dem Film beauftragen wollte, stellte sich als ein solch unglaublicher Langweiler heraus, dass ich ihm eine Lektion erteilt habe", antwortet McQueen.

Er habe dem Mann erklärt, dass sein Engagement ein Riesenfehler gewesen sei. Weil er nur über sich selbst, aber wenig über den Film nachgedacht habe und er gewiss immer nur über sich statt über seine Kunst nachdenken werde.

Ansage: McQueen erklärt Regisseur Buzz Kulik und Produzent Mort Engelberg die Szene.

„Sein Verhalten hat mich so wütend gemacht, dass ich ihn erschießen wollte. Stattdessen sagte ich ihm, er solle aufstehen und zur Bar gehen."

McQueen holt eine Pistole unter dem Tisch hervor, an dem er mit Keane und Thornton sitzt, während er die Geschichte weitererzählt. „Ich zielte auf den Stuhl und zog den Abzug des Revolvers. Ich schoss in die Lehne, um die furchtbare Aura zu zerstören, die er mit sich rumschleppte. Dann sagte ich: ‚Verschwinde!'"

Der junge Schriftsteller sieht so entsetzt aus, dass McQueen lacht. Er erklärt ihm, dass es in diesem Geschäft am wichtigsten sei, sich auf das Wesentliche zu konzentrieren. Er hätte den Regisseur feuern müssen, weil dieser sich mehr um seine Belange als um den Film gekümmert habe. Dies solle auch ihm, dem Drehbuchautoren, eine Lehre sein. McQueen spürt, dass er keine Zeit mehr hat, sich mit eitlen Regisseuren, Drehbuchautoren oder Kameraleuten auseinanderzusetzen. Er will diesen Film rasch umsetzen, unbedingt. Weiß McQueen um seine gesundheitliche Lage? Hat er eine Ahnung, dass es sein letzter Film sein wird? Will er deshalb noch einmal einen Kopfgeldjäger spielen – wie in seiner ersten Fernsehrolle in der Serie *Wanted: Dead or Alive*?

―

*Ich glaube, Steve schwärmte vor allem für die romantische Idee einer guten alten Zeit, in der alles weniger kompliziert und die Grenze zwischen den Guten und den Bösen eindeutig war. Steve und Thorson wiesen einige Gemeinsamkeiten auf: Sie waren beide charismatisch und in einem Alter, in dem man sich nichts mehr gefallen lässt. Beide sammelten Blechspielzeug, Taschenuhren, Spielzeugeisenbahnen und liebten ihre alten Pick-up-Trucks. Und sie waren Rebellen, die nach ihren eigenen Regeln lebten.*

*Es gibt eine Szene, die Steve ins Drehbuch geschrieben haben musste. In der sagt ein Sheriff zu Steves Charakter: „Guck dir uns beide an – ein alter Sheriff und ein Kopfgeldjäger mitten in diesen modernen Wirren. Wir wurden ein Jahrhundert zu spät geboren, Mr. Thorson, das ist alles."* Steve meinte immer, er sei mindestens 50 Jahre zu spät geboren. Seine Faszination für Antiquitäten unterstrich dieses Empfinden. „Nichts hat sich geändert. Es gibt good guys und bad guys", antwortet Steve im Film.

Kurz nachdem die Tinte unter dem Vertrag für The Hunter trocken war, fuhren wir zu Thorsons Haus in North Hollywood. Der echte Thorson war ein schrankartig gebauter Mann, 1,88 Meter groß und gut 140 Kilogramm schwer, aber noch einschüchternder wirkte auf mich seine Waffensammlung, mit der man die Armee eines Kleinstaates hätte ausrüsten können. Um seine Figur im Film ein bisschen weicher erscheinen zu lassen, hatte Steve ein paar verschrobene Gewohnheiten ins Skript hineinschreiben lassen. Der Film-Thorson hörte zum Beispiel klassische Musik.

———

Die Dreharbeiten beginnen im September 1979 in einem Armenviertel von Chicago und gestalten sich schwierig. Eine Woche zuvor ist ein Mann ermordet worden. Obwohl er Autogramme hasst, unterschreibt McQueen 2.000 Karten, die vor allem an Kinder verteilt werden. Überall stehen Schaulustige, um den Dreh zu beobachten. Einige kommen als Statisten zum Einsatz. Unter ihnen ist Karen Wilson, ein 15-jähriges Mädchen. McQueen spricht lange mit ihr. Sie erzählt, dass ihre Mutter an Krebs erkrankt ist und wahrscheinlich bald sterben wird. Trotz der hektischen Dreharbeiten besucht der Schauspieler Karens Mutter und bittet um Erlaubnis, dem Mädchen helfen zu dürfen. Kurz darauf beginnt Karen als Produktionsassistentin am Set und verdient genug Geld, um ihre Mutter zu unterstützen. Als sie stirbt, nehmen Barbara und er das Mädchen in ihre Obhut und finanzieren einen Studienplatz in einer Privatschule in Kalifornien.

Kaum jemand weiß, dass McQueen schwer krank ist, doch vielen fällt auf, dass er verletzlicher und weicher wirkt als zuvor. Jeden Tag ist er der Erste am Filmset. Er will diesen Film unbedingt zu Ende bringen. Als sie eine Szene in einer Schule drehen, fragt ein Schüler, ein Junge namens Richard Kraus einen der Stuntmen, ob er wohl ein Foto von Steve McQueen für die Schülerzeitung *The Federalist* machen dürfe. Ob der Star einem Interview zustimmt? Der Stuntman lacht und sagt: „Steve hasst es, wenn Leute Fotos von ihm machen – und er gibt außerdem niemals Interviews."

Doch der Reporter der Schülerzeitung lässt sich nicht aufhalten. Als er McQueen in der Kantine trifft, nimmt er seinen ganzen Mut zusammen: „Mr. McQueen, würden Sie mir ein Interview geben?" Der Schauspieler blickt ihn lange an und sagt: „Sicher. Schreib ein paar Fragen auf und komm um 18 Uhr wieder. Dann sind wir hier fertig."

Zur verabredeten Zeit erscheint der Junge am Filmset, und McQueen, der noch nicht fertig ist, unterbricht sogar die Dreharbeiten. Er setzt sich mit ihm auf die Stufen des Schulgebäudes, das Interview beginnt. Die Crew kann es kaum glauben. Seit zehn Jahren hat der Superstar keinem Magazin ein Gespräch erlaubt, Titelgeschichten in *Time* und *Life* abgelehnt. Stattdessen lässt er sich von der Schülerzeitung *The Federalist* befragen. Viele Crewmitglieder setzen sich in einem Halbkreis dazu. McQueen ist es etwas peinlich, über seine ersten Werke zu sprechen; vor allem der Science-Fiction-Film *The Blob* erscheint ihm unangenehm. Einige Zuhörer lachen, als er den Titel erwähnt, und der Star scheint beleidigt zu sein. Der junge Reporter Richard aber fragt unbeeindruckt weiter.

Schülerzeitung *The Federalist:* Was werden Sie nach den Dreharbeiten machen?

McQueen: „Das ist ein großes Fragezeichen. Wenn ich mit diesem Film fertig bin, möchte ich erst mal mein Frühstück genießen und von da aus weitersehen. Ich möchte, dass mein nächster Film ein Action-Abenteuer-Film wird. Ich mag die Abwechslung."

*The Federalist:* „Was sagen Sie zu Ihrer Vergangenheit?"

McQueen: „Ich habe als Kind eine Menge Ärger für Sachen bekommen, bei denen die Menschen heute nicht mal mit der Wimper zucken würden. Ich hatte Ärger wegen Diebstahl und Alkohol, aber nicht wirklich wegen der Drogen. Die fand man damals gar nicht so schlimm."

*The Federalist:* „Stört der Ruhm das Privatleben?"

McQueen: „Ja. Ruhm zerstört das Privatleben. Aber wichtig ist es, die Identität zu wahren, ohne seine Finsternis zu verlieren. Das ist der Schlüssel zum Königreich – aber das Geld lässt mich das alles gut ertragen."

*The Federalist:* „Für die Öffentlichkeit waren Sie in den letzten Jahren nicht sichtbar. Sogar wenn Sie Filme gedreht haben, gaben Sie keine Interviews. Warum nicht?"

McQueen: „Erstens habe ich einfach nichts zu sagen, und außerdem ist die Presse voller Mist. Aber ich habe Respekt vor der Jugend. Und deshalb gebe ich dir dieses Interview."

Respekt vor der Jugend: McQueen hasst Autogramme. Nur für Kinder schreibt er welche. Auf dem Filmset gibt er die letzten seines Lebens.

KAPITEL 9
# GLAUBE, DIAGNOSE, HOFFNUNG

**M**cQueen war immer stolz darauf, die meisten der wirklich gefährlichen Filmszenen selbst gedreht zu haben. Er wollte bei allen Filmen so wenig wie möglich gedoubelt werden. Jetzt ist er froh über jede Entlastung. Schon vor den Dreharbeiten zu *The Hunter* („Jeder Kopf hat seinen Preis") sagt er dem Produzenten Mort Engelberg, er sei „zu alt und zu reich" um die Stunts selbst zu machen. Engelberg engagiert den Stuntman Loren Janes, um McQueen in den gefährlichen Szenen des Films, bei den Autoverfolgungen mit Dynamit-Explosionen, zu vertreten. Doch nicht alle Action-Szenen können von Janes übernommen werden. Vor allem nicht jene, in denen McQueens Gesicht zu sehen ist. Bei einer dieser Szenen jagt er einem Kriminellen lange zu Fuß hinterher. Als die Klappe fällt, japst McQueen nach Luft und lehnt sich dabei an eine Wand. „Jedem war klar, dass etwas mit ihm nicht stimmte", sagt Barbara McQueen.

Nach dem Dreh in Chicago hat er eine Pause, bevor die letzten Szenen in einem Studio in Los Angeles aufgenommen werden. Das Paar kehrt nach Santa Paula zurück – in ihr kleines gelbes Farmhaus mit dem weißen Zaun und den Schaukelstühlen auf der Veranda. Es ist endlich fertig. Ein Museum seines Lebens: Auf den Regalen stehen seine liebsten Blech- und Emaille-Spielzeuge, hinter Glas hängen handgefertigte Messer, in Vitrinen seine Lieblingswaffen. Sattel und Lassos findet man in der Garderobe. Hinter dem Haus hat er seine Sammlung alter Benzinpumpen aufreihen lassen. In der Garage parken Dutzende Motorräder und mehr als

Ein großes Kind: McQueen hegte eine Sammelleidenschaft für Spielzeuge.

30 Autos. Er wollte für alles, was ihm lieb ist, einen würdigen Platz schaffen.

Oft fährt er morgens zum Hangar und putzt die Flugzeuge. Manchmal sehen ihn Freunde auf dem Boden liegen und erkundigen sich besorgt nach ihm. Er sagt, es sei der Rücken. Unter den morgendlichen Besuchern ist auch der Künstler Wendell Dowling. Der hatte einmal ein Bild eines seiner Flugzeuge gemalt und es McQueen geschenkt. „Er fragte mich, ob ich noch eines mit ihm im Flugzeug in der Luft malen könne", erinnert sich Dowling. „Es sollte für Steves Tochter Terry sein." Als das fertig ist, will McQueen noch ein Bild. Es soll eine altmodische, verwitterte Tankstelle zeigen. Mit einem Wohnhaus dahinter. McQueen hatte ganz präzise Vorstellungen. „Es schien ihm sehr wichtig zu sein." Dowling verspricht, sofort damit zu beginnen.

Ganz offensichtlich geht etwas in McQueen vor. Während der Dreharbeiten zu *The Hunter* hatte der Schauspieler seinen Freund und Fitnesstrainer Pat Johnson sogar gefragt, ob er ihn in die Kirche begleiten dürfe. An einem drehfreien Sonntag gingen die beiden Männer in eine katholische Messe.

———

*Pat, den Steve schon seit den frühen 70ern kannte, war ein ausgesprochener Familienmensch. Obwohl sie so eng befreundet waren, war Religion nie ein Thema zwischen den beiden gewesen. Natürlich wusste Steve, dass Pat nicht rauchte, nicht trank und auch nicht den Frauen hinterherstieg – also eigentlich alles nicht tat, was zu Steves Image gehörte. Und doch bewunderte er Pats Überzeugungen, hinter denen Pats tiefer Glaube stand. Steve begann, sich mit Religion zu beschäftigen. Seit Jahren hatte er keinen Gottesdienst mehr besucht, der Prunk schreckte ihn ab. Doch Pat riet ihm, er müsse eben seine eigene Verbindung zu Gott finden.*

———

Zurück in Santa Paula ruft McQueen seinen alten Fluglehrer Sammy Mason an. Er hatte viel mit ihm über die Bibel diskutiert. Mason ist Mitglied einer jungen Gemeinde in Ventura, nicht weit von Santa Paula entfernt. McQueen spricht mit Mason über sein Gefühl, dem Tod schon oft von der Schippe gesprungen zu sein. Lange redet er über den Mord der Manson-Bande an Sharon Tate 1969 und seine Ahnung, dass er selbst eines der Opfer hätte sein können, wenn nicht eine übernatürliche Macht seine schützende Hand über ihn gehalten hätte. McQueen bittet Mason, ihn beim nächsten Gottesdienst wieder mit in die Kirche zu nehmen. Im Sommer war er schon einige Male dort. Jedes Mal heimlich.

„Ihm war wichtig, dass er unerkannt in die Kirche gehen könnte und auch unerkannt wieder herauskäme", sagt Mason. „Er wollte den Gottesdienst nicht durch seine Anwesenheit stören. Er fand, der Fokus sollte auf Gott liegen und nicht auf Steve McQueen." Sie schleichen sich in die letzte Kirchenbank. Trotzdem bleibt seine Anwesenheit nicht unbemerkt. Viele Menschen kommen nach dem Gottesdienst zu ihm und möchten ihm die Hand schütteln. Normalerweise ist die Aufmerksamkeit ein Grund für ihn, zu flüchten und nie wiederzukommen. Doch diesmal stört es ihn nicht. Er hat das Gefühl, die Menschen wollten ihn beglückwünschen, dass er Gott gefunden hat. Und genau so fühlt er sich.

Der ewige Einzelgänger McQueen, der niemandem wirklich vertraut, ist beeindruckt von der Kraft der Gemeinschaft. Mason glaubt, dass Gottes Wort in kürzester Zeit großen Einfluss auf seinen Freund gewonnen hatte: „Er begann zu realisieren, dass Jesus Christus nicht nur seine Sünden, sondern auch seine Schuld von ihm genommen hat. Gott glühte in ihm." Der Schauspieler spricht lange mit Pastor Leonard DeWitt über seinen Glauben, Vergebung, über die Sünde und die Bibel. Der Geistliche fragt schließlich: „Bist du ein wiedergeborener Christ?" McQueen gibt eine Antwort, die der Prediger hören will: „Ja, das bin ich."

Er intensiviert seine Kirchgänge, besucht an jedem Donnerstag um sieben Uhr morgens einen Baptistenkreis. Manchmal begleitet ihn Pete Mason, Sammys Sohn. Dem geht eine Unterhaltung aus dieser Zeit nicht aus dem Sinn. Als sie nach dem Gottesdienst zu ihren Autos gehen, sagt McQueen: „Pete, zwei Sachen auf dieser Welt werde ich niemals aufgeben. Und das sind Bier und Frauen." Nach einer Weile bringt McQueen sonntags seine ganze Entourage mit: Barbara, seinen Sohn Chad, seinen Mechaniker, seinen Vorarbeiter von der Ranch und die Leute vom Flugfeld. Plötzlich ist die Kirche bis auf den letzten Platz gefüllt. Wenn sogar Steve McQueen in die Kirche kommt, muss wohl was dran sein an der Sache.

McQueens Sinneswandel gefällt auch dem gottesfürchtigen Farmer Gene Minty, der überhaupt nicht einverstanden ist mit dem Lotterleben seiner Tochter. Ausgerechnet an der Seite eines viel älteren Mannes, der schon zweimal geschieden wurde und über den er und seine Frau üble Sachen in der Zeitung lesen. Von Drogen und Huren ist da die Rede. Von Schlägereien und Sexpartys. Ein Journalist beschreibt seine Tochter als „devote Geisha". So konnte es nicht weitergehen.

Im November 1979 kommen die Mintys zu Besuch nach Santa Paula. „Meine Eltern hatten nur eine Mission für diesen Besuch und nichts konnte sie stoppen", erinnert sich Barbara. „In ihrer Vorstellung lebten wir in Sünde und das war völlig inakzeptabel. Mein Vater meinte, es sei Zeit für „das Gespräch".

McQueen hatte natürlich eine Ahnung, lässt sich aber nichts anmerken. Er lädt Barbaras Vater auf einen Rundflug in einem seiner Doppeldecker ein. Barbara und ihre Mutter warten in dem Hangar auf die Rückkehr der Männer. Als sie wieder gelandet sind, fragt Gene Minty, ob ihn McQueen auf einen Spaziergang begleitet. Nach einer Stunde kommen sie zurück. „Ich habe deinem Vater gesagt, dass wir definitiv heiraten werden und dass, falls

McQueen geht mit seinem „Schwiegervater" in die Luft.

mir irgendetwas passiert, für dich gesorgt sein wird." Ihr Vater hat später eine andere Version des Gesprächs: „Ich habe Steve gesagt, dass ich ihn umbringen werde, wenn er irgendetwas tut, das sie verletzt." Einen Tag spät fahren die Mintys wieder nach Hause. Mit McQueens Wort.

Doch auch seine Exfrauen rufen immer mal wieder an. Vor allem Neile, die noch immer unter der Trennung leidet, obwohl sie es war, die die Scheidung eingereicht hatte. Meist ist Geld das Motiv ihres Anrufs. Diesmal sind es 40.000 Dollar, die sie noch für ein Haus in Beverly Hills braucht. Er schreibt einen Scheck aus, lässt ihn am nächsten Tag aber sperren. „Ich bin pleite", sagt er ihr am Telefon. Sie erwidert: „Okay, du kannst mir keine 40.000 leihen. Prima. Mach dir keine Gedanken." McQueen antwortet: „40.000? Ich habe dir Millionen gegeben." Er bittet sie, nie wieder nach Geld zu fragen.

Am 28. November 1979 steht McQueen das letzte Mal vor einer Kamera. Erst danach wagt es Barbara, ihn zu fragen. Immer, wenn sie ihn vorher gebeten hatte, einen Arzt zu konsultieren, hatte er sie angeblafft: Alles sei in Ordnung, sie möge ihn mit ihren Phobien in Ruhe lassen. McQueen, der nicht besonders gut sehen kann, geht nicht einmal zum Augenarzt. Immer wenn er meint, er könne nicht mehr alles scharf erkennen, kauft er sich im Supermarkt eine stärkere Brille. Wozu ein Arzt? „Alles Quacksalber", findet er. Doch sein Husten ist in den letzten Wochen immer schlimmer geworden. Manchmal schüttelt es ihn minutenlang. Sie fleht ihn an, sich endlich untersuchen zu lassen. Sie droht sogar damit, ihn zu verlassen. Er verspricht ihr, einen Doktor in Santa Paula aufzusuchen.

―

*„Was der Arzt auf Steves Röntgenbild sah, beunruhigte ihn allerdings so sehr, dass er Steve zu einer ausführlicheren Untersuchung ins* Cedars-Sinai

Hospital *in Los Angeles überwies – wo er sich am 17. Dezember 1979 unter dem Namen Don Schoonover anmeldete. Ein neues Röntgenbild zeigte einen großen Tumor im rechten Lungenflügel. Weitere Untersuchungen ergaben, dass Steve an einem Mesotheliom litt, einem seltenen und besonders gefährlichen Tumor, der meist durch das Einatmen von Asbest verursacht wird. Die Diagnose lautete: „unheilbar". Ihm blieb nicht mehr viel Zeit. Steve reagierte darauf, indem er mir eine Frage stellte, wie nur Steve McQueen sie stellen konnte. Er fragte mich: „Also, willst du, dass wir durchs Land reisen und Spaß haben, oder soll ich versuchen, gesund zu werden?"*

*Was für ein Schwachkopf, dachte ich und antwortete: „Versuch, gesund zu werden."*

---

Rückblickend sagt sie, dass diese Antwort wohl ein Fehler war. „Manchmal kommt man an eine wichtige Kreuzung des Lebens und nimmt die falsche Abzweigung. Ich glaube, es wäre besser für Steve gewesen, die restliche Zeit einfach zu genießen."

Die Ärzte finden bei weiteren Tests Metastasen im ganzen Körper. Eine Operation ist zwecklos. Der Tumor hat schon gestreut. Vor allem die Krankenschwestern sind niedergeschlagen. McQueen versucht sie aufzuheitern und erzählt auf dem Krankenbett Anekdoten. Über den ganzen Flur hört man sein Lachen – gefolgt von seinem Husten. Die Ärzte raten zu einer Chemotherapie. McQueen zögert nicht. Er bittet Grady Ragsdale, die Weihnachtsgeschenke aus Santa Paula mitzubringen. Und vor allem Fotos von den Flugzeugen! Zu Weihnachten hängen sie gemeinsam Bilder von Chad und Terry und von seinen Doppeldeckern an die Wand neben seinem Bett. Barbara bringt einen Schokoladenkuchen mit.

Da sitzen sie nun in Krankenzimmer 8501, gerade verlobt. Sie fühlt sich schon wie eine Witwe und ist noch nicht einmal verheiratet. Trauriger kann man nicht in eine Ehe starten. Doch sie klammern sich an seine Kondition, seine Unverwüstlichkeit, sein Glück und an ihren gemeinsamen Glauben. Doch schon nach kurzer Zeit ist klar, dass McQueen die Chemotherapie nicht verträgt. Sie setzen die Behandlung aus. Die Ärzte geben ihm maximal noch fünf Monate. Am 29. Dezember entlässt er sich selbst aus der Klinik und fährt mit Barbara zurück nach Santa Paula.

Der erste Rettungsversuch ist gescheitert.

KAPITEL 10
# HOCHZEIT MIT GEWEHREN

**H**at der *King of Cool* seiner Verlobten jemals Blumen geschenkt? Barbara McQueen lacht, als habe sie einen guten Witz gehört. „Vielleicht hat er mir mal lustige Blumen mitgebracht, die er aus einem Nachbargarten gepflückt hat. Wenn ich nach einem Blumenstrauß gefragt hätte, dann hätte er mir wahrscheinlich einen Garten angelegt. Steve McQueen ist nicht der Typ Mann, von dem sich eine Frau Blumen erhoffen darf. Seine Art von Blumenstrauß war ein Sixpack Bier. Er kam durch die Haustür und rief: „Honey! Ich habe uns ein paar *Old Milwaukee* mitgebracht."

Ihre Erwartungen an seinen Heiratsantrag sind daher nicht besonders hoch, als er tatsächlich sein Versprechen erfüllt. Es geschieht, als sie am Schmuckgeschäft im *Beverly Wilshire Hotel* in Los Angeles vorbeikommen. Sie blickt ihn etwas länger an als gewöhnlich. Er versteht den Hinweis, betritt das Juweliergeschäft und lässt sich Ringe zeigen. Sie probiert einige an, ist ganz aufgeregt. Er steht hinter ihr und sie weiß, er stellt gleich die alles entscheidende Frage, die ein Mädchen mit 26 Jahren von ihrem Auserwählten hören will.

Und er sagt: „Okay?"

Und sie antwortet: „Okay!"

Dann bezahlt er die Ringe und sie gehen vor die Tür. Sie hält die Hand mit dem Ring vor ihr Gesicht, dreht ihn am Finger, spielt damit und wartet auf einen weiteren Satz. Vielleicht eine Liebeserklärung? Vielleicht die Frage: „Möchtest du meine Frau werden?"

Trauung im Wohnzimmer: Die Blumen musste die Braut selbst kaufen.

Doch Steve McQueen, der *King of Cool,* fragt nur: „Bist du jetzt zufrieden?"

Sie versteht nicht ganz.

„Wie, das war es jetzt?", meint sie enttäuscht.

„Ja, was willst du denn noch?", entgegnet McQueen.

„Naja, ich möchte schon eine richtige Zeremonie mit einem Pastor".

„Okay", sagt er.

Noch während sie überlegen, welches Datum für eine Hochzeit geeignet ist, ruft Neile an, seine erste Frau. Sie teilt ihm mit, dass sie wieder heiraten wird. Einen Mann namens Al Toffel. Und er, McQueen, sei ausdrücklich nicht eingeladen. Das Datum: 19. Januar 1980. Kurz darauf telefoniert McQueen mit Pastor Leslie Miller in Santa Paula und bittet ihn darum, am 16. Januar, drei Tage vor Neiles Hochzeit, seine dritte Ehe zu trauen.

McQueen hat ein angestrengtes Verhältnis zu Neile. Sie war es, die seine Karriere maßgeblich beeinflusst hat. Sie war bei ihm, als er noch ein mittelloser Theaterschüler war, unterstützte ihn in seinen Anfangsjahren, gab ihre eigene Karriere als Tänzerin fast völlig auf. So, wie er es unbedingt wollte. Er betrog sie und war trotzdem rasend eifersüchtig. Immer hatte er sie in Verdacht, ihn mit einem seiner Kollegen zu hintergehen. Bis es tatsächlich genau so war.

1970, als er seinen Rennfilm *Le Mans* in Frankreich drehte, hörte er davon, dass Neile eine Affäre mit dem Oscar-Preisträger Maximilian Schell hatte. Zeitungen berichteten von einer geheimen Liebeslaube in Beverly Hills. Er tobte vor Wut. Als Neile mit den Kindern Chad und Terry zu ihm nach Frankreich kam, gab er sich äußerlich scheinbar gelassen. Für die Fotografen tollte er mit ihr herum und erweckte den Eindruck, die Ehe sei in Ordnung. Aber schon bald schickte er die Kinder weg und sagte zu ihr: „Es kommen übrigens den ganzen Sommer lang Menschen von überall auf der Welt, um mich hier zu besuchen." Sie fragte: „Was für Menschen?" Er antwortete: „Meistens Frauen."

Neile war geschockt über diese Gemeinheit. Sie verkroch sich auf den Rücksitz eines Autos und weinte hemmungslos. Nach fünf Stunden, als schon die Dunkelheit eingesetzt hatte, klopfte ein Mitglied des Filmteams an ihr Fenster und fuhr sie ins Hotel. McQueen wartete im Bett auf sie und fragte sie nach der Affäre mit diesem Schell. Sie bestritt. Er bot ihr Kokain an, um ihre Stimmung aufzuheitern. Sie nahm es schließlich. Er wiederholte seine Frage nach einer Affäre. Diesmal gab sie es zu. McQueen stand auf, ging ins Nachbarzimmer der Suite und kam mit einer Pistole wieder. Er hielt Neile am Arm fest und drückte ihr den Pistolenlauf an die Schläfe: „Wer ist es?", wollte er wissen. Sie schrien sich an, schlugen sich, bis sie es sagte, bis es aus ihr herausbrach. Sie erzählte ihm von Schell, von den Treffen, vom Hotel und vom Sex. McQueen war außer sich vor Wut. Sie sagt später: „Es war wie bei der Gestapo." So brutal, so gemein und so verletzend. Die Ehe endete in dieser Nacht. Und McQueen gab ihr allein die Schuld am Scheitern.

Das alles kommt wieder hoch, als er von der Hochzeit seiner Exfrau hört. Doch Barbara spürt nichts davon. Sie reden nicht darüber. Heute sagt sie: „Ich bin froh, dass ich nicht das durchmachen musste, was seine beiden Exfrauen mit ihm erlebt haben. Ich habe einen besseren Steve kennen gelernt als die beiden."

Als das Aufgebot bestellt ist und im Standesamt aushängt, kommen die Reporter nach Santa Paula. Plötzlich verändert sich die Atmosphäre in der kleinen Stadt. Freunde werden ausgefragt, Journalisten belagern die Kirche. Als Barbara einkaufen fährt, folgt ihr ein fremdes Auto, in einer Hecke hockt ein getarnter Fotograf. Ein Reporter bietet dem Vorarbeiter Grady Ragsdale Geld für relevante Informationen. Barbara hat das erste Mal an McQueens Seite Angst. So hat sie sich ihre Hochzeit nicht vorgestellt. McQueen schimpft über die „Motherfucker", die ihre Privatsphäre nicht respektieren, und sagt die Zeremonie in der Kirche ab. Er fragt den Pastor, ob er sie auch im Wohnzimmer trauen könne, wegen der Medienmeute. Der Geistliche willigt ein. Am Morgen der Hochzeit postiert er Grady mit einem Gewehr auf der Einfahrt und einen weiteren Mann mit einer Waffe an der Hintertür. „Das wird die Typen davon abhalten, komische Sachen zu machen", sagt McQueen. Es läuft wie im Wilden Westen. Es läuft, als heirate Tom Horn.

---

*Unsere Hochzeitskleidung war auf seinen Wunsch hin sehr einfach. Er trug ein weißes Hemd, eine graue Weste, Jeans und Tennisschuhe, während ich einen weißen Hosenanzug ausgewählt hatte. Ich hielt einen Gänseblümchenstrauß, Steve trug eine Blume im Knopfloch. Steve stand zum dritten Mal vor dem Altar, ich zum ersten Mal. Er ging auf die 50 zu, ich war 26. Steves Fluglehrer Sammy Mason und seine Frau Wanda waren unsere Trauzeugen. Die Zeremonie fand im Wohnzimmer statt, war kurz und knapp. Alles in allem dauerte sie wohl gerade einmal zehn Minuten. Da der Pastor kein Geld wollte, überlegte ich lange, wie wir unsere Schuld begleichen könnten. Ich ging in den Hühnerstall, holte ein Dutzend warmer Eier und bezahlte ihn damit.*

---

Auf den Bildern sieht man eine glückliche Braut und einen verlorenen Ehemann, dem die Strapazen der ersten Chemotherapie ins Gesicht geschrieben stehen. Das Gesicht etwas fleckig, die Haut ist grau, die Augen wirken milchig. Auf einem Foto sitzt er auf einem Stuhl, hinter ihm seine Frau. Er sieht nicht aus wie der Bräutigam, sondern eher wie ein Freund der Familie, der zufällig in die Bilder hineingeraten ist.

Endlich hat sie ihn heiraten können, den Mann, den sie liebt wie niemanden zuvor. Sie sagt: „Er war ein guter Typ und er hat nichts von mir verlangt als da zu sein. Ich habe nie wieder so einen

Mann kennen gelernt. Er wollte nicht, dass ich für ihn koche, ich sollte einfach nur da sein. Aber da war immer jemand, der auf mich aufgepasst hat. Ich dachte, er würde nie verletzt werden. Er wäre immer da, um mich zu beschützen."

Hat er sich vor irgendetwas gefürchtet?

„Nein, er hat nur den Tod gefürchtet."

Am Tag nach der Hochzeit packt er seine Sachen für die nächsten Untersuchungen im Krankenhaus. Danach verlässt McQueen kaum noch das Haus. Manchmal bittet er Grady, einen der Wagen ganz dicht an die Eingangstür der Ranch zu parken. Dann schlüpft er auf die Rückbank und lässt sich von seinem engsten Mitarbeiter zum Flughafen fahren. Er hat noch ein Ziel: Er will lernen, seine *Pitcairn* zu beherrschen. Das Flugzeug hat einen mächtigen, schweren Motor. Es ist schwierig, die Maschine in die Luft zu bekommen und zu landen. Bei einem vorherigen Versuch hatte McQueen einen Flügel fast in die Startbahn gebohrt. Nun fährt er mit der alten Postmaschine auf der Startbahn auf und ab. Er wagt es nicht, abzuheben. Er spürt, dass seine Kraft für einen Flug mit der geliebten *Pitcairn* nicht mehr ausreicht.

An diesem Abend stellt er sie ab und streichelt über einen Flügel. Er weiß, dass er sie nie wieder in die Luft bekommen wird.

„Sehe ich aus, als hätte ich Krebs?" McQueen und seine Frau Barbara bei ihrem einzigen offiziellen Auftritt als Paar, der Premiere des Films *Ich, Tom Horn*. Er verneint alle Fragen zu seiner Krankheit, ist aber längst gezeichnet.

Neue Energie:
In Ketchum
kauft er noch
eine Farm.
Er nennt sie
„Last Chance".

Nach der Premiere zieht sich McQueen auf seine Farm zurück. Er ist müde und will Kraft für die anstehende Therapie sammeln.

KAPITEL II
# FLIEGENDER FARMER

**M**cQueen pendelt zwischen dem Haus in Santa Paula und der Klinik in Los Angeles. Er glaubt nicht an die Künste der Ärzte, aber er will nichts unversucht lassen. Er hat es Barbara versprochen. Immer mehr Krankenschwestern wissen von der Krankheit des berühmten Patienten. Wann jemand der Presse die kostbare Information verkauft, ist nur noch eine Frage der Zeit. Außerdem steht der Drehbeginn eines Filmes an, in dem McQueen die Hauptrolle spielen soll. Er muss sich jemandem anvertrauen.

Von Chuck Bail, einem ehemaligen Stuntman, den McQueen schon seit seiner ersten TV-Rolle kennt, stammt das Drehbuch, das McQueen faszinierte. Sie trafen sich während des Sommers in Santa Paula, wo auch Bail ein altes Flugzeug besaß, das in einem Hangar untergestellt war. Sein Buch handelt von einer alten Gang der *Hells Angels,* die für eine allerletzte Tour zusammenkommen. Als McQueen Bail zusagte, ging es ihm gesundheitlich noch gut. Jetzt, ein halbes Jahr später, ruft er ihn an und sagt: „Chuck, es tut mir leid, aber ich kann den Film nicht machen. Ich bin krank." Er bittet ihn darum, die Information geheim zu halten. „Moralisch war ich in einem Dilemma", sagt Bail. „Wenn ich es dem Studio erzählte, würde sofort die ganze Welt von Steves Krankheit wissen. Ich habe meine Entscheidung getroffen und hielt das Studio so lange hin, wie ich nur konnte. Ich habe mein Versprechen gehalten. Und das ist exakt das, was Steve für mich getan hätte."

Unermüdlich positiv: McQueen ebnet sein neues Land in Idaho selbst.

McQueen passt es überhaupt nicht, Menschen hinzuhalten und sie zu belügen. Er hat seine Geradlinigkeit gepflegt – und will davon nicht abweichen. Sein Agent meldet sich ständig mit immer besseren Angeboten. Ein Studio ist bereit, mehr als fünf Millionen Dollar für den nächsten Film zu garantieren: McQueen soll „Superman" spielen.

„Was soll ich ihnen sagen?" fragt Marvin Josephson.

„Sag ihnen, ich habe mich zur Ruhe gesetzt", antwortet McQueen. „Sag ihnen, ich bin jetzt ein fliegender Farmer."

―

*Steve ließ sich von der Krankheit nicht seine Träume nehmen. Oft besuchten wir die Gegend um Ketchum, wo ich auf einer Ranch wohnte, als wir uns kennen lernten. Ich liebte diesen Ort. Steve natürlich nicht. Er war ein wenig zu chauvinistisch, um in meinem kleinen Häuschen zu übernachten. Er wollte eine eigene Blockhütte. Deshalb entschloss er sich, sie auf einem Grundstück zu bauen, das er gekauft hatte. Er nannte es „The Last Chance."*

*Einmal, im Sommer 1978, fuhren wir über eine Schotterpiste, als wir einen schönen Ort zum Rasten fanden. Wir stellten den Truck ab und picknickten an einem Bach. Steve schaute sich um, schloss die Augen und nahm einen tiefen Zug frischer Bergluft. „Was für ein wunderschöner Ort", sagte er. Er sprach davon, eine Hütte neben dem Bach zu errichten und das Gelände zu roden, um eine Landebahn für seine Flugzeuge zu bauen.*

*Als wir eine Stunde später in die Stadt fuhren, trafen wir unseren Grundstücksmakler. Der Mann sagte, er habe das passende Grundstück für uns gefunden, und beschrieb es uns.*

*„Das klingt genau nach dem Platz, wo wir gepicknickt haben", sagte Steve.*

*„Es ist zu verkaufen", erwiderte der Makler.*

*Steve war niemand, der gerne Zeit verlor. Er kaufte das Grundstück sofort. Wir nannten es Crazy M, weil wir einen verrückten Lebensstil pflegten.*

*Steve versuchte auch, den* North Fork Store *zu kaufen, einen Ort am Rande des Dorfes, der durch einen Film bekannt ist. Marilyn Monroe strandet hier im Film* Bus Stop. *Steve liebte Marilyn. Er wollte aus dem Store einen Treffpunkt für Einheimische machen und Antiquitäten ausstellen. Bis zu seinem Tod hing er dieser Idee nach, für die es auch einen Namen gab:* Queenies. *Doch Lokalpolitiker verhinderten den Kauf.*

―

In Santa Paula steht McQueen oft vor einem Bild, das er beim Umzug an eine Wand gehängt hat. Es zeigt einen jungen Mann hinter der Theke seines Krämerladens. Vor ihm liegen Äpfel in einem Holzfass. Vier Männer sitzen in dem Laden, rauchen Pfeife und Zigarre und lauschen einem Radio. Daneben hängt ein zweites Bild. Auf das sich der Künstler, bei dem er es in Auftrag gab, keinen Reim machen konnte: eine alte Tankstelle mit einem Wohnhaus dahinter. Genau so will McQueen in Zukunft leben. Wenn er den Krebs besiegt hat, möchte er eine alte Tankstelle mit einem Krämerladen führen. Es soll alles genau so aussehen wie auf dem Bild.

Im März verbringt er viel Zeit auf dem Flughafen von Santa Paula. An einem Morgen sagt er zu seinem Vorarbeiter Grady Ragsdale:

„Ich habe eine Menge Drogen genommen, habe viele Frauen gehabt und noch eine Menge anderer Dinge getan, die ich nicht alle erzählen möchte. Meinst du, jemand wie ich kommt in den Himmel?"

„Ja, Steve, das glaube ich", erwidert der erstaunte Ragsdale.

„Die Hälfte meines Lebens habe ich damit verbracht, in Ärger hineinzugeraten, und die andere Hälfte damit, wieder herauszukommen", sagt McQueen. „Ich habe so viel Zeit verschwendet."

„Aber du warst erfolgreich", wendet sein Mitarbeiter ein. „Bist du nicht glücklich über das, was du erreicht hast?"

McQueens Antwort ist kurz: „Nein."

Einige Tage später erscheint ein junger Mann auf dem Rollfeld, den die McQueens noch nie gesehen haben. Er gibt sich als Schüler aus, der einen Fotokurs besucht. Ob er ein schnelles Bild schießen dürfe? McQueen willigt ein. Wenig später erscheint das Bild im *National Enquirer,* der größten Boulevardzeitung des Landes. Die Titelzeile lautet: „STEVE McQUEENS HELDENHAFTER KAMPF GEGEN DEN KREBS". Der Junge war kein Schüler, sondern ein hinterhältiger Paparazzo. Die Information seiner Krankheit erhielt das Blatt von einer käuflichen Krankenschwester. „Steve war nicht wütend", sagt Barbara McQueen. „Er war niedergeschlagen. Sein Bild von der Welt hatte sich abgerundet. Er hatte keine großen Erwartungen mehr an das Gute in den Menschen."

Am Tag, nachdem die Geschichte erschienen ist, kommt sein alter Freund Bud Ekins zu Besuch. McQueen sitzt im Garten neben einem Ofen und trinkt Kaffee. Ekins verliert keine Zeit: „Was ist das mit der Krebsgeschichte?" McQueen antwortet: „Oh, diese Arschlöcher haben nur Mist im Kopf. Ich weiß nicht, warum die so einen Blödsinn schreiben." Dann hebt er sein T-Shirt an und zeigt seinen Brustkorb. „Siehst du, keine Narbe!" Ekins glaubt seinem Freund, der sich so geschickt zur Seite dreht, dass die kleine Operationsnarbe nicht zu sehen ist.

Kurz darauf steht die Premiere von *Tom Horn* an. Morgens fährt McQueen mit Grady Ragsdale zum Flughafen. Er sagt: „Ich komme in Selbstmordstimmung, wenn ich mich auf der Leinwand sehe. Ich fühle mich gefangen und bekomme kalte Schweißausbrüche." Danach fliegt er einige Runden durch die Gegend. Wieder auf dem Boden, repariert er mit Hingabe die kaputten Reifen eines Spielzeugtrucks. Dies scheint wichtiger zu sein als die erste Vorführung seines neuen Spielfilms. Grady, der allmählich nervös wird, drängt zum Aufbruch. „Fahr du schon mal vor. Ich komme schon rechtzeitig", meint McQueen.

Reporter, Fans, Fotografen sitzen im *Mann Theatre* in Oxnard, einer Kleinstadt südlich von Ventura, und warten auf den Hauptdarsteller, den Star des Films. Doch als der Vorhang hochgeht, ist die Bühne leer. Der Manager des Kinos versucht die Menge zu besänftigen. Keiner glaubt daran, dass McQueen noch auftaucht. Da hält ein alter, grüner Pickup vor dem Theater. Steve McQueen und seine Frau Barbara steigen aus. Er trägt Jeans und seine Fliegerjacke, Barbara ein Tweed-Sakko. Sie strahlen um die Wette, lassen sich fotografieren und beantworten Fragen. Auf die Geschichte im *National Enquirer* angesprochen, entgegnet er: „Sehe ich aus, als hätte ich Krebs?"

McQueen nimmt mit Barbara an seiner Seite Platz im Kinosaal und sieht zum ersten Mal die geschnittene Fassung von *Tom Horn*. Er ist unglücklich mit dem Tempo des Films und seiner eigenen Leistung. Der Film endet mit dem Tod des Helden Horn. Es ist ein Schock für McQueen, sich auf der Kinoleinwand am Galgen baumeln zu sehen.

Auf der Ranch in Santa Paula muss sich McQueen eine Woche von seinem Auftritt erholen. Er hat keine weiteren Verpflichtungen mehr gegenüber der Filmproduktion. Er möchte ausruhen, aber Barbara hat einen Traum: Sie will auf Hochzeitsreise gehen, auf eine Kreuzfahrt nach Acapulco, ins berühmte Hotel *Las Brisas*. Anfang Mai holt sie ein Chauffeur in einem Cadillac ab und fährt sie nach Long Beach. Sieben Tage dauert die Reise auf dem Luxusliner.

---

*Steve steckte in voller Touristen-Montur: Er trug Bermuda-Shorts und ein dazu passendes Hemd, weiße Bootsschuhe und einen geschmacklosen Hut aus Stroh. Nur eine Faltkarte und eine Kamera fehlten noch, um das Bild zu vervollständigen. Glücklicherweise war ich es, die Kamera und Karte in der Hand hatte – mir gelangen einige der besten Fotos, die ich je von Steve geschossen hatte. Nachdem wir unsere Kabine bezogen hatten, gingen wir auf das Oberdeck. Die Sonne schien, der Wind blies. Das Kameraauge hielt all die Charakteristika seines Gesichtes fest: tiefe Linien, Altersflecken, Bart. Wenn ich heute diese Fotos betrachte, scheint es mir, als ob ich eine Art Ernest Hemingway mit Sonnenbrille und Windjacke betrachte.*

*Drei Tage später erreichten wir Acapulco, wo wir im Las Brisas-Hotel wohnten. Das Hotel liegt auf einer Klippe und bietet einen atemberaubenden Panoramablick über die Bucht. Im Patio wurde uns ein romatisches Dinner im Kerzenschein serviert.*

*Am nächsten Morgen frühstückten wir am Pool, es war hinreißend. Doch leider hielten wir uns nicht an die goldene Regel für Reisen nach Mexiko: trinke niemals Leitungswasser. Ein paar Stunden später war das, was sich in unserem Hotelzimmer abspielte, alles andere als romantisch. Montezumas Rache und ein Brechreiz schlugen gleichzeitig zu. Wir rannten abwechselnd ins Badezimmer. Unsere Flitterwochen sollten nur wenige Tage dauern. Nachdem wir unsere Körperflüssigkeiten verloren hatten, stiegen wir in ein Flugzeug, um so schnell wie möglich nach Hause zu kommen. Dort päppelte unsere Haushälterin „Grandma" Wilma uns wieder auf. Wilma war um die 70 Jahre alt und fantastisch. Während sie unser Haus putzte, drehte sie meist laut Heavy Metal auf. Steve würde ihr Alter nicht erreichen. Es war nun an der Zeit, sich einzugestehen, dass der Krebs sich in sein Leben drängte.*

Flitterwochen auf der *Pacific Princess:* McQueen erinnert an Ernest Hemingway.

KAPITEL 12
# MEXIKO

**S**teve McQueen spürt, dass die Ärzte in Los Angeles nicht an seine Heilung glauben. Zu Barbara sagt er: „Sie denken, ich bin erledigt." Er denkt das nicht. Er will kämpfen, so wie er es immer getan hat. Barbara und er kaufen stapelweise Gesundheitsmagazine und Bücher über alternative Heilmethoden. So erfährt er von einem Arzt, der durch eine intravenöse Diät den Krebs „umkehren" könne. Einziges Problem: Der Mediziner besitzt keine Erlaubnis für seine Therapie. Er darf seine Testpatienten nicht in seiner Praxis behandeln, sondern nur außerhalb. McQueen will es trotzdem versuchen. Er kauft einen Campingbus, den er vor der Arztpraxis abstellt.

In diesem Bus wird der berühmte Patient nun sieben anstrengende Wochen künstlich ernährt und auf Diät gesetzt. So soll der Krebs „ausgehungert" werden. Er sitzt in seinem Campervan, hängt am Tropf, ernährt sich von Pulvern und Pillen. Barbara ist meistens bei ihm. An den Wochenenden fahren sie gemeinsam nach Santa Paula, um Kraft zu sammeln. Nach Abschluss der Therapie fährt der abgemagerte Schauspieler in die Klinik *Cedars Sinai,* um einen möglichen Erfolg feststellen zu lassen. Doch auch die neuen Röntgenbilder und Ergebnisse der Bluttests sind ernüchternd: Die Diät hat den Krebs nicht aufhalten können. McQueen bricht den Versuch ab und schaut sich nach neuen Möglichkeiten um. In einer Zeitschrift findet er einen Artikel über einen gewissen Dr. William Donald Kelley, einen Zahnarzt, der sich durch eine alternative Krebstherapie angeblich selbst von einer Krebserkrankung geheilt hat.

Die letzten Fotos: McQueen genießt die Ruhe vor seinem Schuppen. Nur engste Freunde dürfen ihn stören.

Bevor McQueen zu ihm fährt, lässt er von einem Detektiv Erkundigungen über den umstrittenen Arzt einholen. Der Privatermittler findet heraus, dass der 55-Jährige eine Art Guerillakampf gegen die „Krebs-Industrie" in Amerika führt. In Artikeln und Vorträgen wirft Kelley den Schulmedizinern vor, Krebserkrankungen nur mit „chemischen Keulen" und Bestrahlungen zu bekämpfen. In einem Buch beschreibt Kelley seine Methode: Durch konsequente Entgiftung des Körpers und gleichzeitige Einnahme von Vitaminen und Enzymen soll das Immunsystem so gestärkt werden, dass es selbst den Heilungsprozess anstößt. Das Buch *Eine Antwort auf Krebs* ist allerdings verboten worden. Nicht weniger als 15 Behörden ermitteln gegen den Arzt, darunter das FBI. Jeden anderen hätte das Ergebnis der Recherche abgeschreckt. McQueen hingegen findet, Kelley sei der Richtige für ihn: ein Mann, der sich nicht aufhalten lässt. Ein Medizin-Rebell, der für seine Ideale sogar eine Gefängnisstrafe riskiert. Ein Kämpfer gegen die Mafia der Medizin, die ihn, Steve McQueen, längst abgeschrieben hat.

Er fährt mit Barbara zu Kelleys Ökofarm in Winthrop, Washington. Nach der Untersuchung rät ihm der Arzt dringend zu einer „Körper-Reinigungs-Diät", um das selbst entwickelte Heilungsprogramm zu starten. McQueen ist nach dem Flop des Selbstversuchs mit künstlicher Ernährung im Caravan vorsichtiger und will dem Arzt noch nicht zusagen. Doch er zeigt sich vom Mediziner und dessen Methoden beeindruckt. Er sagt: „Er behandelt den Körper, der die Krankheit hat, nicht die Krankheit, die den Körper hat." Kelley erzählt ihm von seiner neu eröffneten Klinik in Mexiko, gleich hinter der Grenze, wenige Meilen südlich von San Diego. Nur dort könne er das Programm durchführen, das ihm die Behörden in den USA verbieten. McQueen dürfe keine Zeit mehr verlieren.

*Steve begegnete seinem drohenden Tod so wie er gelebt hatte – nach seinen eigenen Regeln. Das Haus in Santa Paula war fast fertig, und Steve war vollkommen zufrieden damit, seine letzten Tage mit Dingen zu verbringen, die ihn glücklich machten: Er stieg ins Flugzeug, fuhr eines seiner Motorräder, hing einfach nur im Hangar herum, frühstückte in der Flughafen-Cafeteria oder werkelte am Haus. Gerne saß er auch einfach nur da auf seinem Korbstuhl zwischen den Zitronenbäumen vor dem Schuppen im Hinterhof unseres Hauses und machte sich ein Feuer in einem alten Ofen. Hier hatte er seine Ruhe, keiner störte ihn. Steve war so grüblerisch wie noch nie in seinem Leben. Er meditierte nicht, doch dachte er die meiste Zeit über das Leben nach. Ich wollte ihn dabei nicht stören, mir war klar, dass die Zeit, die er mit sich selbst verbrachte, therapeutisch für ihn war.*

*An manchen Abenden zog ich einen Stuhl zu ihm ran, öffnete ein paar Biere und wir redeten und lachten bis spät in die Nacht. Unsere Gespräche drehten sich um alles mögliche und waren meist fröhlich. Keiner von uns musste daran erinnert werden, dass wir nicht mehr viel Zeit zusammen hatten. Wir hatten das Gefühl, uns noch so viel erzählen zu müssen und taten das mit vielen „Ich-liebe-Dichs" dazwischen.*

---

Eines Morgens ruft McQueen seinen Exmanager Hilly Elkins an. Elkins kann es kaum glauben: Sein ehemaliger Klient möchte sich mit ihm in Hollywoods Restaurant *Ma Maison* treffen. McQueen hat sich noch nie mit ihm zum Mittagessen verabredet und erst recht nicht in einem französischen Gourmetlokal, das als Tratschbörse für Schauspieler, Agenten und Reporter gilt. Natürlich kennt Elkins die Gerüchte über McQueens Gesundheitszustand, und nun ist er äußerst beunruhigt. „Wenn sich jemand derartig anders verhält als sonst, muss etwas faul sein", denkt er.

Das Mittagessen ist McQueens Art, sich von der Öffentlichkeit zu verabschieden. Der Reporter Robin Leach, Augenzeuge des Auftritts, schreibt später in einem Artikel: „Als die Menge ihm applaudierte, winkte er mit einer riesigen Zigarre zurück. Jeder, der dabei war, glaubte, der Star feiere seine Rückkehr zur Gesundheit und einen neuen Filmvertrag." Barbara McQueen erinnert sich genau: „Er wollte nicht als ein schwaches Krebsopfer erinnert werden. Er wollte als der Mann erinnert werden, der er immer war. Und an diesem Tag spielte er die Rolle wundervoll."

McQueen beginnt damit, sich von alten Freunden zu verabschieden. Er ruft den Schauspieler Yul Brunner an, dem er seine Rolle in *Die glorreichen Sieben* zu verdanken hat. Er meldet sich bei Richard Attenborough, mit dem er in *Gesprengte Ketten* vor der Kamera stand. Den Stuntman Loren Janes besucht er mit dem Flugzeug in Sand Canyon. Sie sitzen unter den Flügeln des Doppeldeckers, als McQueen ihm erzählt, wer was bekommen soll nach seinem Tod. Er spricht mit ihm auch über die geplante Kelley-Therapie.

McQueen sagt: „Ich werde kämpfen, ich werde wirklich alles versuchen."

„Was, wenn es dich umbringt?", fragt Janes.

„Und wenn schon. Ich werde sowieso sterben. Wenn ich früher sterbe, ist es weniger schmerzhaft", antwortet McQueen. „Und wenn sie mich als Versuchskaninchen benutzen und ich sterbe, hilft es vielleicht einem anderen."

Am 28. Juli kommt *The Hunter* in die Kinos. Die Kritiken sind nicht gerade freundlich. Ein Reporter aus New York nennt ihn einen „müden, verbrauchten Draufgänger" – und weiß nicht, wie recht er damit im richtigen Leben hat. Zwei Tage später lässt sich McQueen noch einmal in der Klinik *Cedars Sinai* untersuchen. Als er unter Vollnarkose steht, nimmt der Chefarzt Barbara zur Seite und eröffnet ihr: „Der Krebs ist schlimmer geworden. Er ist unheilbar und nicht operabel. Nehmen Sie ihn mit nach Hause, legen Sie ihn ins Bett und geben Sie ihm, was immer er braucht, um im Schlaf zu sterben." Sie erzählt McQueen vom Rat des Arztes, der ihn wütend macht. „Ich bin ein Kämpfer. Ich glaube diesen Mist nicht. Ich glaube, ich kann es schaffen." McQueen ruft seinen Vorarbeiter Grady Ragsdale an: „Tank den silbernen Pick-up auf und komm mit ihm her. Wir fahren nach Mexiko."

Am 31. Juli checken Barbara und er in Dr. Kelleys Klinik *Plaza Santa Maria* ein. Drei Monate zuvor war die Anlage aus Bungalows noch ein mittelmäßiges Ferienhotel. Jetzt sind die Gäste Krebspatienten, die ihre letzte Hoffnung auf die „ökologische Therapie" setzen. Ein Team aus jungen Ärzten und Schwestern kümmert sich um die Patienten. McQueen trägt einen Cowboyhut und raucht eine Zigarre, als er seine Krankenschwester Teena Valentino kennen lernt, die in der Klinik den Titel „Stoffwechsel-Technikerin" trägt.

Bereits am nächsten Morgen beginnt die Therapie um sieben Uhr mit einem Frühstück aus Ballaststoffen. Mittags serviert man ihm einen Protein-Drink aus zerstoßenen Mandeln, Abends gibt es Suppe, Vollkornbrot und Gemüse. Dazu bekommt McQueen zwei Mal am Tag Kaffee-Einläufe mit einer von Dr. Kelley speziell entwickelten Röstung, die den Körper angeblich entgiftet. 50 Pillen mit Vitaminen und Mineralien schluckt der Patient täglich, bekommt chiropraktische Anwendungen, Massagen und geht in die Sauna. Weil McQueen fürchtet, sich trotz des Programms zu langweilen, lässt er zwei seiner Cross-Motorräder liefern. Wenn er sich besser fühlt, will er am Strand durch den Sand pflügen, ganz wie früher, als er in der Nähe Rennen gefahren ist. Doch die Maschinen werden nie benutzt.

Nach einem Monat ruft er seine Pilotenfreunde in Santa Paula an. Er wünscht einen Schokoladenkuchen, den seine Haushälterin in Santa Paula backt, und Schweinekoteletts von Pat Johnsons Frau Sue. Von nun an fliegen seine Freunde an jedem Montag mit Schokoladenkuchen und Koteletts nach Mexiko. „Steve hat das gesunde Essen gehasst", sagt Barbara. „Er hat sich gesehnt nach Zucker und ließ sich heimlich alle Arten von süßen Sachen bringen, die er auch an die anderen Patienten verteilt hat. Immer wenn wir

Nachschub bekamen, sind die Leute zu uns gekommen, um sich ihre Ration Zucker abzuholen." McQueen hat sich ein Nachrichtensystem für seine Luftbrücke ausgedacht: In den Kühlboxen versteckt er Zettel an Grady, Wilma und die anderen Unterstützer aus Santa Paula. Man könnte sagen: McQueen führt doch noch einen kleinen, inoffiziellen Krämerladen im Krankenhaus. Nur die Tankstelle fehlt noch.

McQueen glaubt an den Erfolg der Therapie, lässt sich von den Schwestern und Ärzten Hoffnung machen, kann sogar manchmal ohne Sauerstoffzufuhr ein paar Schritte gehen. Der Durchbruch? Die Menschen, die ihn besuchen, treffen einen abgemagerten Mann, der schlagartig gealtert ist. Seine erste Frau Neile ist entsetzt über den „mexikanischen Zirkus" und die Methoden, die dort angewendet werden. Vor allem die Einläufe mit Kelleys Kaffeemischung findet sie entwürdigend. Sie hält den Doktor für einen Quacksalber und alarmiert McQueens engste Freunde. Don Gordon, mit dem er in verschiedenen Action-Filmen gespielt hat, will daraufhin eine Rettungsmission organisieren. Er sagt zu Neile: „Wir kommen mit Helikoptern, landen am Strand und nehmen ihn einfach mit nach Hause." Doch McQueen sagt ihr, dass er dem Arzt vertraut und dass es ihm schon viel besser gehe. Er glaubt tatsächlich an seine Heilung. Sie bläst die geplante Rettung wieder ab.

Nach sechs Wochen fühlt sich McQueen deutlich besser. Dr. Kelley fliegt nach Los Angeles, lädt zu einer Pressekonferenz ein und tritt in einer Talkshow auf. Dort sagt er: „Seine Chancen auf Heilung sind hervorragend. Ich glaube aus vollem Herzen, dass diese Vorgehensweise die Zukunft der Krebstherapie ist." Noch während der Ausstrahlung der Sendung setzt sich eine Armee von Paparazzi in Bewegung. Stunden später belagern TV-Sender und Reporter aus der ganzen Welt die Klinik in Mexiko. Kelley wird von den Medien bestürmt. Wenn es sein Ziel gewesen sein sollte, berühmt zu werden, hat er es auf einen Schlag geschafft.

Unterdessen windet sich sein Patient vor Schmerzen. Ein Tumor in der Leber ist mittlerweile so groß, dass man denken könnte, McQueen verstecke einen Football unter seinem Hemd. Am 14. September kommt Grady Ragsdale mit Nachrichten in die Klinik, die den Schauspieler freuen: Er hatte Leonardo DeWitt, seinen Pastor in Santa Paula, gebeten, einen Kontakt zu dem berühmtesten Priester Amerikas, Billy Graham, herzustellen. Und Grady erhielt nun die Nachricht, dass Graham einem Treffen mit McQueen zustimmt. „Schick ihm ein Flugzeug, wohin auch immer, und mach alles, damit das Treffen klappt", weist McQueen seinen Mitarbeiter an, „ich muss ihn sehen."

Am 26. September besucht ihn Neile mit den Kindern Terry und Chad. Er spricht mit ihr über eine TV-Ansprache, die er für die Klinik machen möchte. Neile hält das für keine gute Idee. Doch ihr Exmann ist trotz aller Beschwerden dankbar für jeden Tag, den er lebt. Und er fühlt sich verantwortlich für den Druck, der durch seine Anwesenheit auf den Ärzten und der Klinik lastet. Er will „die Dinge in Ordnung bringen" und lässt sich auch durch Neile nicht abhalten. Seinem Manager und seinem Anwalt diktiert er tags darauf sein Testament.

Eine Woche später erscheinen die Ärzte an seinem Krankenlager, mit angeblich hervorragenden Nachrichten: Seine Tumore seien geschrumpft, verkünden sie. Wie sie dies allerdings festgestellt haben wollen, ist ein Rätsel, denn die Wunderklinik verfügt weder über ein Röntgengerät noch über ein Labor. Dr. Kelly macht ihm sogar Hoffnung, am Ende des Jahres geheilt zu sein. Barbara ist aufgeregt: „Steve schafft es!" Sie veröffentlicht eine Presseerklärung, in der es heißt: „Steves größter Wunsch ist es, dass ihm die USA erlauben, seine Behandlung in seinem eigenen Land inmitten der Menschen und der Umgebung, die er liebt, fortzusetzen. Er hat mich gebeten, Ihnen Folgendes mitzuteilen: ‚Mein Körper mag kaputt sein, aber mein Herz und mein Geist sind es nicht.'" Barbara schickt sogar dem Präsidentschaftskandidaten Ronald Reagan, einem alten Freund McQueens, eine Nachricht. In ihr, so erinnert sie sich heute, schreibt sie, dass der „All American Hero" das Recht bekommen solle, in seiner Heimat so therapiert zu werden, wie er es möchte. „Ich habe keine Antwort bekommen", sagt sie.

Kurz darauf lässt McQueen ein Team des mexikanischen Fernsehens kommen. Mehrere Wagenladungen mit Equipment werden vor dem Bungalow aufgebaut. Doch der Patient lässt nur Tontechniker zu seinem Krankenlager. Er will ein Statement abgeben, das den Druck von Dr. Kelley nimmt, dem in der Heimat Scharlatanerie vorgeworfen wird. Viele glauben, der Arzt hätte McQueen einer Gehirnwäsche unterzogen. Der Star möchte beweisen, dass er sehr wohl noch bei Besinnung ist. Am 6. Oktober senden verschiedene Fernsehkanäle eine Tonbandaufnahme. McQueen beglückwünscht darin Mexikos Präsidenten und sein Volk für die wundervollen Ärzte und deren Arbeit, die sie in *Plaza Santa Maria* verrichten. „Mexiko zeigt durch die Stoffwechseltherapie der Welt einen neuen Weg, den Krebs zu besiegen… Danke, dass Sie damit mein Leben retten." Nach der Sendung belagern mehr als 50 Reporter rund um die Uhr das Krankenhaus. TV-Stationen aus den USA, Mexiko, Japan und Europa bauen Übertragungswagen auf. Für ein Foto des krebskranken Patienten bieten manche Zeitungen mehr als 50.000 Dollar.

Barbara geht nur noch selten am Strand spazieren. Eines Morgens begegnet sie einem Mann, der sich über Steve McQueen lustig macht und der etwas derartig Hässliches sagt, dass Barbara anfängt, auf ihn einzuschlagen. Sie greift nach einem Stück Treibholz und glaubt, dass sie ihn ganz sicher erschlagen hätte, wenn nicht andere Spaziergänger dazwischengegangen wären. Sie möchte nicht wiederholen, was er gesagt hat. Es wühlt sie noch heute auf.

Mitte Oktober ist McQueen so optimistisch, den Krebs zu überwinden, dass er seinen Freund Pat Johnson bittet, die wichtigsten Sachen aus dem Flugzeughangar zusammenzupacken. Die Ärzte raten ihm zum Umzug nach Ketchum am Fuße der Rocky Mountains, wegen der reinen Luft. Johnson macht sich sofort an die Arbeit. Am 24. Oktober teilt McQueen den Ärzten mit, dass er zunächst nach Santa Paula zurückkehren möchte. Er lässt den Truck vorfahren und setzt sich selbst ans Steuer. Im *Cedar Sinai Hospital* von Los Angeles lässt er seine letzten Röntgenaufnahmen machen. Reine Routine, der finale Beweis, dass nun alles in Ordnung ist. Auf den Bildern ist ein riesiger Tumor im Bauchraum zu erkennen, der ihm extreme Schmerzen bereitet haben muss. McQueen wünscht, dass der Tumor operativ entfernt wird. Doch die Ärzte lehnen den Eingriff mit der Begründung ab, sein Herz werde bei der Operation versagen. „Was passiert, wenn ich den Tumor drinlasse?", will er wissen. „Sie werden sterben", lautet die Antwort. McQueen kann sich nicht länger selbst betrügen.

Zurück in Santa Paula ist McQueen zu schwach, um noch im Garten auf seinem Stuhl neben dem Ofen zu sitzen. Pat Johnson besucht seinen Freund am 1. November und betritt sein Krankenzimmer im ersten Stock. „Er hatte nochmals Gewicht verloren, sein Bauch war aufgebläht und die Stimme klang ganz rau", erinnert sich Johnson. McQueen flüstert: „Ich kann die Schmerzen nicht mehr ertragen, Pat." In dem Moment entdeckt Johnson einen geladenen Colt auf dem Nachttisch. McQueen wiederholt: „Die Schmerzen sind so stark. Ich schaffe es nicht." Die beiden umarmen sich und weinen. Johnson schreibt in sein Tagebuch: „Ich habe das Gefühl, dass ich Steve nie wieder sehen werde."

Am 3. November, einem Montag, kommt der berühmte Fernseh-Pastor Billy Graham nach Santa Paula. Das lang ersehnte Treffen findet im Schlafzimmer statt. Die beiden Männer sprechen zwei Stunden lang über den Glauben, die Auferstehung, Gottes

Wort und die Bibel. Sie beten. Was McQueen vor allem beschäftigt: Wie kann er sicher sein, dass das Paradies auf ihn wartet? Der Evangelist blättert in der Bibel, zitiert Titus 1, Vers 2: „Auf Hoffnung des ewigen Lebens, welches verheißen hat, der nicht lügt, Gott, vor den Zeiten der Welt."

Gott, der nicht lügt – diese Passage beruhigt McQueen. Er berichtet Graham von seiner Absicht, sich an einem geheimen Ort operieren zu lassen, und zeigt dem Pfarrer seinen aufgeblähten Bauch. „Ich habe eine fünfzigprozentige Chance, die Operation zu überleben." Graham lässt McQueen allein und spricht mit Barbara und einer Krankenschwester, die jetzt immer bei dem Patienten wacht. Nach einer Stunde will McQueen Graham noch einmal sehen. Wieder beten sie lange. Dann brechen sie auf: In Oxnard wartet ein Learjet, der McQueen in ein Krankenhaus in Mexiko bringen soll. Dort will er sich den Tumor entfernen lassen. Graham begleitet McQueen zum Flughafen. Im Auto will er sich den Vers notieren. Doch Graham schreibt auf die erste Seite seiner Reisebibel, die er seit Jahren mit sich trägt: „Für meinen Freund Steve McQueen, möge Gott dich immer schützen. Philipper 1:6." Das Bibelzitat besagt: „Und bin in guter Zuversicht, dass, der in euch angefangen hat das gute Werk, der wird's auch vollführen bis an den Tag Jesu Christi." Graham schenkt sie ihm zum Abschied. McQueen drückt sie während des Fluges an sich.

Barbara ist nicht mit an Bord. Sie hat Grady Ragsdale gesagt, sie fahre schon mal mit dem Truck vor nach „Dallas", wo die Operation angeblich stattfinden soll. Auch die Piloten glauben bis kurz vor dem Start, es gehe nach Dallas. Doch die Maschine soll nach El Paso fliegen. Dort ist alles für einen Krankentransport über die Grenze nach Mexiko vorbereitet. McQueen fürchtet, dass „mächtige Menschen" den Erfolg der Therapie im letzten Moment verhindern könnten. Und so organisiert er ein letztes Katz-und-Maus-Spiel.

Die Klinik namens *Santa Rosa* in Ciudad Juarez, einer Stadt direkt an der Grenze zu Texas, in der die lebenswichtige Operation durchgeführt werden soll, sieht wenig vertrauenerweckend aus: ein Backsteingebäude mit einem Charme zwischen Werkstatt und Warenlager. McQueen checkt unter dem Namen Samuel Shepard ein, aber die wahre Identität des sterbenskranken Filmstars verbreitet sich rasch. Kurze Zeit später parken TV-Übertragungswagen vor dem Krankenhaus. Barbara, Chad und Terry belegen Hotelzimmer in einem Motel am Ende der Straße. Am Morgen des 6. November rollt man Steve McQueen in den Operationssaal.

Dreieinhalb Stunden dauert der Eingriff. Vargas entfernt Tumore aus dem Bauchraum und aus seinem Nacken. Es ist mittlerweile Nachmittag. Barbara darf zu ihrem Mann. Was dann passiert, hat sie viele Jahre lang für sich behalten. Reporter und Biografen haben die Stunden nach der Operation aus verschiedenen Quellen zusammenrecherchiert, und es existieren mehrere Versionen: Laut einer Variante soll es ihm nach der Operation hervorragend gegangen sein; sogar der Monitor zur Überwachung der Herzfrequenz sei aus dem Zimmer gerollt worden, weil man ihn nicht mehr benötigte. McQueen habe mit den Krankenschwestern gescherzt und Pläne geschmiedet. Das Grau seiner Augen soll sich angeblich, berichten Augenzeugen, wieder in jenes strahlende Blau verwandelt haben, das ihn berühmt machte. Steve McQueen hat es geschafft! Ein Held, der sogar den Krebs besiegt. Ein All American Man, der sich von nichts aufhalten lässt.

Barbara sitzt in ihrem Haus in Ketchum und denkt lange nach. Sie sagt: „Ich habe dazu immer geschwiegen, weil es der privateste aller Momente war, den wir zusammen erlebt haben. Da liegt der Mann, den du liebst, und du stehst neben seinem Bett. Nur er und ich in dem Raum. Das geht niemanden etwas an." Doch auch sie hat immer wieder Geschichten gehört, die nicht stimmen. Von einem Mordauftrag war die Rede, einem Komplott gegen Dr. Kelley, von einem Auftragskiller, der ihren Mann mit einem Giftcocktail getötet haben soll. Motiv für die Verschwörungstheoretiker: Die alternativen Krebstherapien dürfen sich nicht durchsetzen. Dafür habe man den Patienten Steve McQueen geopfert.

Barbara McQueen holt tief Luft und sieht aus dem Fenster. Auf den Bergen hinter ihrem Haus liegt noch der Schnee, der Winter war lang und steng. Sie streichelt dem Labrador, der sich neben sie gesetzt hat, als wolle er sie in jeder Sekunde bewachen, den Kopf. Ihre Stimme ist leise und stockt, als sie sagt: „Ich habe Steves Hand gehalten nach der Operation. Er war völlig benommen von den Betäubungsmitteln. Er hat viel geschlafen. Er hat etwas gemurmelt, doch man hat nichts davon verstanden. Steve ist nie wieder zu sich gekommen. Das ist alles. Das ist die ganze Wahrheit."

Um 3.45 Uhr am Morgen des 7. November 1980 verstopft ein Blutgerinnsel seine Herzschlagader. Seine Augen sind geöffnet, Billy Grahams Bibel liegt auf seiner Brust. Steve McQueen ist tot.

Letzter Trost: McQueen hatte diese Reisebibel von
Billy Graham in der Hand, als er starb.

Im Zimmer zu diesem Schlüssel verbrachten
Barbara und Steve die erste Nacht.

Erinnerung einer Niederlage: Der Backstage-Pass hat
Barbara nicht zu Mick Jagger geführt.

Eines von tausend: McQueen liebte alte Werbeschilder. Sie wurden in Depots eingelagert.

Eine von vielen türkisfarbenen Gürtelschnallen McQueens.
Er hatte ein Faible für diese Farbe.

Hier saß der Chef: McQueens Regiestuhl, den er während des Drehs von *Tom Horn* benutzte.

Recherche für *Tom Horn:* Mit diesen Tonbändern, auf denen Interviews aufgenommen wurden, bereitete sich McQueen auf die Rolle des Westernhelden vor.

Stickerei mit Eheringen, eine Erinnerung an ihre Hochzeit im Januar 1989.

EPILOG:
# LEBEN, DANACH

**W**as nach McQueens Tod geschieht, verdrängt Barbara bis heute. Sie sagt: „Ich erinnere mich nicht genau. Das rettet mein Leben."

Woran sie sich erinnert, ist ihre Hilflosigkeit in Mexiko: „Wir waren alle total geschockt. Keiner wusste, was wir tun sollten. Ich konnte mich nicht um die Kinder kümmern, die Kinder konnten sich nicht um sich kümmern. Ich war doch selbst fast noch ein Kind. Und plötzlich war ich Witwe. Irgendjemand hat die Anwälte angerufen. Die haben zwei Flugzeuge geschickt, um uns abzuholen. Wir sind mit dem Sarg rüber nach Texas und dann von El Paso nach Santa Paula geflogen. Wir waren in dem einen Flugzeug und Steve war in dem anderen. Keiner sagte auch nur ein einziges Wort."

Kurz vor dem Abflug ist ein Fotograf im Auftrag der französischen Zeitschrift *Paris Match* in das Leichenschauhaus eingebrochen, hat das Leichentuch entfernt und ein Foto vom Toten geschossen. Die Zeitschrift druckt das Bild in Farbe auf dem Titel. Die Familie ist entsetzt.

Zwei Tage nach der Rückkehr organisieren Neile und Barbara eine Trauerfeier auf der Ranch in Santa Paula. Nur wenige Freunde sind eingeladen, die Kinder Terry und Chad – und Ali MacGraw. Es ist das erste und einzige Treffen zwischen Ali und Barbara überhaupt. McQueen wollte Ali seit Ausbruch seiner Krankheit nicht mehr sehen. Einige sagen, er wollte nicht, dass sie ihn in dem Zustand sieht, weil er sie immer noch liebte. Andere

McQueen wollte noch einmal seine Heimatstadt Slater besuchen  Er hat es nicht geschafft.

sagen, er hatte schlicht keine Lust mehr, sie um sich zu haben. Ali jedenfalls hat nie verwunden, dass er sie nicht mehr sehen wollte. Sie suchte später Trost in Alkohol und Drogen. Heute setzt sie sich vor allem für die Rechte von Tieren ein. Eine große Schauspielkarriere ist ihr nicht mehr gelungen.

Pastor DeWitt versammelt die Trauergäste im Garten und liest McQueens Lieblingsvers aus der Bibel: „Denn Gott hat die Welt so sehr geliebt, dass er seinen einzigen Sohn hingab, damit jeder, der an ihn glaubt, nicht zugrunde geht, sondern das ewige Leben hat." Kurz darauf fliegen McQueens Freunde im Formationsflug über das Grundstück. Ein Platz in der Formation, die „vermisster Mann" heißt, bleibt frei. An Bord eines Flugzeugs ist die Urne. Sie fliegen über den Pazifik und verstreuen die Asche in der Luft, genau so, wie McQueen es gewollt hat. Ein Grab soll es nicht geben.

Schon einen Tag nach der Trauerfeier lässt Barbara die Ranch räumen. Zwei Lastwagen fahren ihren Besitz nach Ketchum. Vor allem Neile und Terry sind erbost über den schnellen Umzug und vermuten, dass sich Barbara am Nachlass bereichern will. Kurz darauf wird das Testament eröffnet. McQueen starb als wohlhabender Mann, mit 12 Millionen Dollar auf dem Konto. Jeweils drei Millionen erben seine Kinder. Eine Stiftung, die sich um Straßenkinder kümmert, wird großzügig bedacht. Barbara bekommt eine Million. Seine beiden Exfrauen Neile Adams und Ali MacGraw gehen leer aus. Chad erbt das Haus in Santa Paula. Pat Johnson bekommt einen Mercedes, Bud Ekins darf sich zwei Motorräder aussuchen, Sammy Mason ein Flugzeug. Alles andere teilen sich Chad und Terry. In monatelanger Kleinarbeit wird eine lange Inventarliste erstellt: McQueen besaß 210 Motorräder, 55 antike Autos und mehr als 10.000 Gegenstände, darunter etliche Waffen, Messer, Zapfsäulen, Registrierkassen, Werbeplakate, Kaffeemühlen, Propeller und Telefone.

McQueens später Traum war es, in Ketchum ein Museum seiner Sammlung zu eröffnen. Doch die Kinder zeigten kein Interesse daran. Vier Jahre nach dem Tod des Vaters verkaufen sie fast alle Schätze auf einer Auktion in Las Vegas und erzielen damit nochmals zwei Millionen Dollar. Auch Bud Ekins, dem McQueen die kostbarsten Motorräder vermachte, verscherbelt sie nach kurzer Zeit. Barbara McQueen, die wegen ihres schnellen Umzugs angefeindet wurde, besitzt keine persönlichen Gegenstände ihres Mannes, die von Wert sind. Im Keller ihres Hauses in Ketchum bewahrt sie eine Sammlung aller Filme auf, in denen er mitspielte. Sie sieht sie nie an. Sie hat Angst davor. Sie wird nie auch nur eine Szene aus *The Getaway* anschauen, dem Film, den McQueen mit Ali MacGraw gedreht hat. Sie möchte auch keine Szene aus *Thomas Crown ist nicht zu fassen* sehen, in der Faye Dunaway ihren späteren Mann küsst oder mit ihm in dem berühmten roten Sand-Buggy herumfährt. „Das könnte ich nicht ertragen", sagt sie. Überhaupt ist Barbara McQueen nicht besonders interessiert an dem Schauspieler, den alle so bewundert haben für seine Kunst.

„Ich habe bis heute nicht herausgefunden, wer Steve war. Ich mochte die Person hinter der Fassade. Ich mochte den Mann, nicht den Star. Wenn ich ihn in seinen Filmen sehe, sehe ich nicht meinen Ehemann, ich sehe ihn in einer Rolle. Das verletzt meine Gefühle. Es schmerzt einfach zu sehr. Das klingt jetzt vielleicht komisch, aber wir haben nie über Filme gesprochen. Nicht ein einziges Mal. Ich habe ihn einfach nie gefragt. Für mich hätte er auch Bäcker oder Gärtner sein können."

Sie geht mit mir durch das Holzhaus und zeigt Dinge, die an ihn erinnern. Neben dem Schlafzimmer befindet sich ein Arbeitszimmer. Ein altmodischer Sekretär steht an einer Wand. An ihm hat er gerne Drehbücher gelesen und sich dazu Notizen gemacht. An der Wand hängt das Bild mit der Tankstelle und dem Haus dahinter. Sie schweigt lange, gerade so, als ob eine schwere Last auf ihr liegt, bis sie sagt: „Das Leben ist ein Abenteuer. Unser Abenteuer hat keine gute Abzweigung genommen." Sie braucht einen weiteren Moment, um zu erklären, was sie damit meint. „Man hätte am Ende einen anderen Weg nehmen können. Er hätte etwas anderes machen müssen: Er hätte mit seinem Flugzeug durch den Grand Canyon rasen und dann abstürzen sollen. Das wäre cool gewesen. Es ist schlimm, dass dieser große Mann den falschen Weg gegangen ist."

Fühlt sie sich schuldig?

„Dr. Kelley hat ihm falsche Hoffnungen gemacht. Ich sage nicht, dass die Ärzte nicht alles versucht hätten, aber es hat nicht funktioniert. Ich rede darüber nicht gerne, weil es furchtbar war. Ich wünschte, er wäre in die Wüste gefahren und hätte sein Leben so zu Ende gebracht, wie er es gelebt hat."

Mehr möchte sie nicht dazu sagen. Sie entschuldigt sich und kommt erst nach einer Weile wieder. „Ich wollte an meinem Geburtstag nach Alaska reisen und habe meine Freunde angerufen, aber keiner will mit. Wäre Steve noch am Leben, hätte er gesagt: ‚Okay, Honey, wann hast du gepackt? Ich hole schon mal das Sixpack *Old Milwaukee* aus dem Kühlschrank. Wir fahren in 15 Minuten.' – Wissen Sie was? Dafür vermisse ich ihn so sehr."

Barbara McQueen: „Ich mochte den Mann hinter der Fassade. Für mich hätte er auch Bäcker oder Gärtner sein können".

## ANHANG I
# ZEITTAFEL STEVE MCQUEEN

| | |
|---|---|
| 24. MÄRZ 1930 | Terence Steve McQueen wird in Beech Grove, Indianapolis, geboren. |
| 1947-1950 | Dienst bei den US-Marine-Corps. |
| 1952 | Beginn der Schauspielausbildung in New York, kurze Zeit später wird er an Lee Strasbergs berühmtem *Actors Studio* angenommen. An Wochenenden finanziert er seine Ausbildung mit Motorradrennen auf dem *Long Island City Raceway*, übernimmt kleine Rollen in B-Movies. |
| 1955 | Broadway-Debüt mit dem Drama *A Hatful of Rain*. |
| 1957 | Hochzeit mit Neile Adams. |
| 1958 | Erste Film-Hauptrolle im Horrorfilm *Blob – Schrecken ohne Namen (The Blob)*. |
| 1958-1961 | Erste TV-Hauptrolle in 94 Folgen der Serie *Wanted: Dead or Alive*. |
| 1959 | Frank Sinatra verschafft ihm eine Rolle an seiner Seite in *Wenn das Blut kocht (Never so few)*. Seine Tochter Terry Leslie wird geboren. |
| 1960 | *Die glorreichen Sieben (The Magnificent Seven)*. Geburt seines Sohnes Chad. |
| 1961 | Hauptrolle in der Romanze *Die Heiratsmaschine (The Honeymoon Machine)* |
| 1962 | Hauptrolle in den Kriegsfilmen *Die ins Gras beißen (Hell is for Heroes)* und *Wir sind alle verdammt (The War Lover)*. |

| | |
|---|---|
| 1963 | Durchbruch mit dem Action-Film *Gesprengte Ketten (The Great Escape)*. Zusammen mit Natalie Wood wird er für seine Hauptrolle in *Verliebt in einen Fremden (Love with the Proper Stranger)* für einen Golden Globe nominiert. |
| 1965 | *Cincinnati Kid* katapultiert ihn in die Liga der Hollywood-Topstars. Außerdem kommt er mit dem Beziehungsdrama *Baby the Rain must Fall* in die Kinos. |
| 1966 | Im Western *Nevada Smith* spielt er den gleichnamigen Filmhelden. Nach den Dreharbeiten von *Kanonenboot am Yangtse-Kiang (The Sand Pebbles)* ist er so erschöpft, dass er ein Jahr mit Filmen aussetzt. |
| 1968 | Ein Film macht Steve McQueen zum Prototypen des amerikanischen Helden: *Bullitt*. In der Krimikomödie *Thomas Crown ist nicht zu fassen (The Thomas Crown Affair)* feiert er zusammen mit Faye Dunaway Erfolge. |
| 1969 | Für seine Hauptrolle in *Der Gauner (The Reivers)* wird Steve McQueen für den Golden Globe nominiert. |
| 1971 | Eine Herzensangelegenheit für den Motorsportler Steve McQueen: Er dreht den Rennfahrer-Film *Le Mans* über das berühmte 24-Stunden-Rennen. |
| 1972 | Hauptrolle im Western-Drama *Junior Bonner*. In seiner Darstellung als Gangster in *Getaway (The Getaway)* findet er die Rolle seines Lebens. Nach zahlreichen Affären ist seine Ehe mit Neile zerrüttet, sie lassen sich scheiden. |
| 1973 | Das Gefangenendrama *Papillon* bringt Dustin Hoffman und Steve McQueen zusammen auf die Leinwand. Hochzeit mit Ali MacGraw, die die |

| | |
|---|---|
| | zweite Hauptrolle in *The Getaway* gespielt hatte. Die Beziehung hält fünf Jahre. |
| 1974 | Im Katastrophenfilm *Flammendes Inferno (The Towering Inferno)* spielt er gegen Paul Newman an. Einer der größten Kassenerfolge dieser Jahre. |
| 1976 | Kurzauftritt in *Dixie Dynamite*. |
| 1977 | Er lernt das 24-jährige Fotomodell Barbara Minty kennen. |
| 1978 | Ein kurzer Ausflug ins ernste Fach: *An Enemy of the People,* eine Verfilmung des Stückes *Der Volksfeind* von Henrik Ibsen. |
| 1980 | Hochzeit mit Barbara Minty im Januar. Noch einmal spielt Steve McQueen seine Paraderolle des einsamen Helden in *Ich, Tom Horn (Tom Horn)*. Seine letzte Rolle wird die des Kopfgeldjägers in *Jeder Kopf hat seinen Preis (The Hunter)*. Steve McQueen stirbt am 7. November im Alter von 50 Jahren in Ciudad Juárez in Mexiko. |

ANHANG II
# EINIGE FILME, DIE STEVE MCQUEEN ABLEHNTE

### Frankie und seine Spießgesellen (1960, Originaltitel: Ocean's Eleven)
Frank Sinatra selbst bietet McQueen schon zum zweiten Mal eine Rolle an. Ein Jahr zuvor sollte er im Kriegsdrama *Wenn das Blut kocht (Never so few)* mitspielen. Doch der junge Schauspieler lehnt ab. Er will nicht zu einem Sinatra-Jünger werden, sondern lieber seinen eigenen Weg gehen.

### Frühstück bei Tiffany's (1961, Breakfast at Tiffany's)
Noch vor George Peppard wurde McQueen die Hauptrolle angeboten. Doch er drehte gerade Folgen der TV-Serie *Wanted: Dead or Alive* und konnte deshalb nicht an diesem Filmklassiker mitwirken.

### Die Rückkehr der glorreichen Sieben (1966, Return of the Seven)
Schauspieler-Kollege Yul Brynner fragt McQueen, ob er nach dem Erfolg von *Die glorreichen Sieben* noch einmal für eine Fortsetzung in den Sattel steigt. McQueen antwortet: „Ich würde gerne, bin aber leider zu beschäftigt." In Wirklichkeit fand er das Drehbuch zu absurd und überzogen.

### Zwei auf gleichem Weg (1967, Two for the Road)
McQueens Freund Elmer Valentine bekam das Drehbuch in die Hand, Audrey Hepburn sollte an McQueens Seite agieren. Doch Valentine sagte ab, McQueen war sauer. Mit Audrey Hepburn wäre er gerne mal ins Bett gestiegen, sagte er.

### Zwei Banditen (1969, Butch Cassidy and the Sundance Kid)
Eigentlich ein Film wie für McQueen geschaffen. Aber Konkurrent Paul Newman gelang es, McQueen gegen Marlon Brando auszutauschen. Als dieser ablehnte, ging die Rolle an Robert Redford und machte ihn zum Star.

### Dirty Harry (1969)
Bevor Clint Eastwood zusagte, sollte McQueen die Hauptrolle übernehmen. Doch der hatte gerade *Bullitt* gedreht und keine Lust auf einen weiteren Cop-Film.

### The French Connection (1971)
Der Film, der Gene Hackman zum Superstar machte. Eigentlich sollte McQueen dessen Rolle spielen, hatte aber nach *Bullitt* noch immer keine Lust, einen Polizisten zu geben.

### Apocalypse Now (1976)
Francis Ford Coppola wollte Steve McQueen für sein Vietnam-Epos gewinnen. Doch McQueen missfiel die Aussicht, 16 Wochen im Dschungel zu verbringen, und er stieg aus den Verhandlungen aus. 1979 kam der Film schließlich mit Martin Sheen und Marlon Brando in die Kinos.

### Die Brücke von Arnheim (1976, A Bridge too Far)
McQueen sollte einen Kurzauftritt übernehmen, forderte aber drei Millionen Dollar Gage. Wahrscheinlich aber ließ er seinen Auftritt platzen, weil Maximilian Schell mitwirkte. Schell hatte nämlich eine Affäre mit McQueens erster Frau Neile gehabt.

EDITOR'S NOTE

Ich habe Steve McQueen nie getroffen. Doch sein Wesen berührt mich trotzdem. Seine Bibel in der Hand zu halten, die Seiten aufzublättern, die er als Letztes im Leben gelesen hatte, bedeutet mir viel. Aber warum? Er war ein oft grober Mann, der morgens schon Bier trank und nicht besonders gebildet war.
Er hatte nicht den herzerweichenden Blick von James Dean und nicht das scheue Wesen einer Marilyn Monroe. Das Wesen von Steve McQueen war es, ein Mann zu sein. Das ist seine Bedeutung, die seine Filme noch überstrahlt, und mit der sich Menschen auf der ganzen Welt identifizieren können. Er verkörpert viele von der modernen Gesellschaft verschüttete Charaktereigenschaften, die bei ihm so sichtbar hervortraten wie bei einem Leichtathleten die Adern an den Armen: Ehrlichkeit, Einfachheit, Entschlossenheit, Stärke, Enthusiasmus, Mut und Verlässlichkeit. Wer Steve McQueens Filme gesehen hat, hat neben der Handlung vor allem diese Eigenschaften gesehen.

Nur wenigen Männer gelingt es, auch heute so zu sein wie McQueen. Die meisten wirken wie Kopien eines alten Meisters. Vielleicht ist es das, was seine Aura ausmacht: Er ist das Original. Danach kam nur noch Fälschung.

Christian Krug

Großer Dank gilt Marshall Terrill, der mit seiner Biografie *Steve McQueen – Portrait of an american rebel* viele hilfreiche Informationen beigetragen hat. Außerdem ist es nur ihm zu verdanken, dass sich so viele Weggefährten von McQueen für dieses Buch zitieren lassen.

Hilfreich waren außerdem die Bücher von Grady Ragsdale, *The Final Chapter* und *McQueen – The Biography* von Christopher Sanford.

Dank gilt auch Nicolas Büchse, der die biografischen Daten lieferte und viele der Originalzitate übersetzte.

von **Jochen Förster** & **Anthony Loder**

# HEDY *Darling*

Leseprobe

# Das Leben, Ein Film

**D**ieses Buch erzählt zwei Geschichten, eine traumhafte und eine traumatische. Die traumhafte handelt von einer jungen Frau, die von der Welt vergöttert wurde wie kaum je eine vor ihr. Die gesegnet war mit einem Gesicht von aphroditischer Perfektion, mit außergewöhnlichem Intellekt, Cleverness und einer gehörigen Portion Verwegenheit. Die von der verwöhnten Wiener Bürgerstochter in kürzester Zeit zu einem der höchstdotierten Hollywood-Stars der späten Dreißiger-, Vierziger- und frühen Fünfzigerjahre avancierte. Die Leben und Liebe in fast allen uns bekannten Facetten genoss. Und die ganz nebenbei eine Erfindung zuwege brachte, die für unser heutiges Alltagsleben maßgeblich ist.

Die andere, traumatische Geschichte handelt von einer Frau, deren Ruhm ihr zum Verhängnis wurde. Die von Hollywood so hofiert, vom Kinopublikum so vergöttert und von den Männer so begehrt wurde, dass sie selbst sich irgendwann als Göttin begriff. Und deren Leben von dem Moment an zum schlechten Film wurde, als dieses Hollywood, dieses Kinopublikum, diese Männer nichts mehr von ihr wissen wollten.

Beide Geschichten handeln von ein und derselben Frau. Zusammen ergeben sie ein Drama, wie es im wirklichen Leben selten so extrem spielt, eine Geschichte von rasantem Aufstieg und noch steilerem Fall, so steil, dass diese Frau heute kaum jemand noch kennt. Beginnen wir fürs Erste bei Letzterem. Beginnen wir also an jenem Punkt ihres Lebens, von dem aus es nur aufwärtsgehen konnte (aber leider nicht mehr ging). Beginnen wir ganz unten.

UNTER DEN MEHR ALS SECHZIG KINOFILMEN, die Andy Warhol zwischen 1963 und 1968 drehte, zählt *The 14 Year Old Girl* ganz sicher zu den unterhaltsameren. Der gut einstündige Film, auch als *Hedy* oder *The Shoplifter* bekannt, erzählt tragikomische Szenen einer schlecht gealterten Frau. Gleich zu Beginn sehen wir, wie sie unterm Messer liegt, Chirurgen schnippeln an ihrem Gesicht herum, derweil sie ihnen in den Ohren liegt, sie mögen sie doch bitteschön „beautiful" machen. Nach getaner Arbeit betrachtet sie sich im Spiegel und sagt, verzückt von ihrem Angesicht, sie sehe ja aus wie eine Vierzehnjährige. „I feel pretty", singt sie, sie fühle sich so hübsch. Später klaut sie in einem Warenhaus wahllos Sachen, wird verhaftet, vergiftet die Verkäuferin und landet vor Gericht, wo der zuständige Richter sie zum Tod durch die Giftspritze verurteilt. Die Verurteilte lächelt entrückt dazu und trällert wahlweise „I feel pretty", „Young at heart" oder ein Lied darüber, wie man eine echte Kleptomanin wird. Diverse Unverschämtheiten der anwesenden Chirurgen, Verkäuferinnen und Ex-Ehemänner registriert sie gar nicht. Sie dreht sich nur noch um sich selbst.

*The 14 Year Old Girl* ist für Warhols Verhältnisse ungewöhnlich sarkastisch geraten. Diese Frau ist ein Wrack, keine Frage. Äußerlich eine Kunstfigur – passenderweise dargestellt von Mario Montez, neben Candy Darling damals Warhols Lieblings-Drag-Queen – und innerlich ziemlich plemplem. Der Film zeigt plakativ, schrill und gnadenlos, was Schönheitskult, Ruhmsucht und Konsumwahn bei einer Frau anrichten können. Und er hat, noch ungewöhnlicher für Warhol, einen kaum getarnten biografischen Bezug. *The 14 Year Old Girl* erzählt die Geschichte von Hedy Lamarr.

1966 – ALS WARHOLS FILM ERSCHIEN – war Hedy Lamarr einundfünfzig Jahre alt und in Hollywoods interner Wertschätzungsskala bei ziemlich genau null angekommen. Im Januar wurde sie in Los Angeles wegen Ladendiebstahls verhaftet, sie hatte in einem Drugstore Waren im Wert von 86 Dollar mitgehen lassen. Bis zu diesem Zeitpunkt hatte Hedy Lamarr allein an Gagen um die 30 Millionen Dollar verdient. In den folgenden Monaten gab sie Interviews, die selbst eingefleischte Fans an ihrem Geisteszustand zweifeln ließen. Im Oktober 1966 veröffentlichte sie ihre Autobiografie *Ekstase und ich*, die eine Indiskretion an die andere reihte und selbst für heutige Verhältnisse als außergewöhnlich freizügig gelten kann. In den Folgejahren ließ sie zahlreiche Schönheitsoperationen an sich vornehmen und verklagte so ziemlich jeden, der nicht bei drei auf dem Baum war. Sie verhielt sich wie in einer drittklassigen Reality Soap. 1967 verschwand sie aus dem Rampenlicht, in das sie bis zu ihrem Tod im Januar 2000 nicht zurückkehrte. Hedy Lamarr wurde fünfundachtzig Jahre alt. Mit Andy Warhol könnte man sagen: Die zweite Hälfte ihres Lebens war ziemlicher Trash.

Die erste Hälfte von Hedy Lamarrs Leben war das genaue Gegenteil. Sie war so reich an Abenteuern, Facetten, Höhe- und Glanzpunkten, dass sie Stoff genug für mehrere Filme böte – weniger nach Art einer Warhol-Satire, eher eines Hollywood-Thrillers. Junge Jüdin aus Österreich erlernt die Schauspielkunst in Berlin, wird dort zum Protegé des Regisseurs Max Reinhardt, der sie zur „schönsten Frau der Welt" erklärt. Mit gerade mal siebzehn Jahren dreht sie in Prag den Arthouse-Film *Ekstase*, dessen Nackt- und Sexszenen sie mit einem Schlag weltberühmt machen. Doch statt weiterzufilmen, entsagt sie dem Kinogeschäft und heiratet einen (ebenfalls jüdischstämmigen) Waffenfabrikanten und Austrofaschisten, der nebenbei manisch besitzgierig ist, ihr das Schauspielen verbietet und sie zu Hause einsperren lässt.

Hedy flieht über Paris, London und New York nach Los Angeles, wo sie den Neuanfang in einer fremden Welt wagt, im Gepäck kein Wort Englisch, die skandalträchtige erste Sexszene der Filmgeschichte sowie ein Gesicht, das fortan Scharen von Fans und Kritikern, Filmbossen und Schauspielkollegen zu Superlativen hinreißt. Aus Hedwig Kiesler wird Hedy Lamarr, Hollywoods schönste Entdeckung der späten Dreißigerjahre. In kürzester Zeit spielt sie sich in die erste Star-Reihe, dreht mit Charles Boyer, Spencer Tracy, Clark Gable, William Powell, James Stewart. Mehr als ein Jahrzehnt zählt sie zu den begehrtesten Kinostars, gilt als Inkarnation perfekter Schönheit, wird das populärste Covergirl der USA, eine Art Marilyn Monroe für die Weltkriegs-Ära. Dazu Trendsetterin, Fashion Icon, Dauerthema der Klatschspalten. Nebenbei – einzigartig für Hollywood-Diven – versucht sie sich erfolgreich als Erfinderin und patentiert, gemeinsam mit dem Komponisten George Antheil, das sogenannte Frequenzsprungverfahren. Gedacht ist es als Kriegswaffe gegen die verhassten Nazis. Heute gilt die Erfindung als Grundlage aller kabellosen Kommunikation. In jedem Mobiltelefon, jedem Bluetooth, jedem WLAN-Netzwerk steckt der Pioniergeist Hedy Lamarrs.

Doch sowenig Ruhm ihr zeitlebens als Erfinderin zuteil wurde, sowenig Wertschätzung erfuhr sie in Hollywood als Filmkünstlerin, Charismatikerin, moderne Frau. Ihre Marke war das makellose Äußere. Beauty-Experten probierten anhand ihrer Proportionen den Archetypus weiblicher Schönheit zu ergründen, so wie zuvor in ähnlichem Ausmaß nur bei Greta Garbo. „The American Garbo" nannte man sie auch, da war Hedwig Kiesler in der US-Öffentlichkeit längst eingebürgert.

Entsprechend eigenschaftslos wirkte sie in den meisten ihrer Filmrollen. „Sie spielt nicht, sie erscheint", schrieb der Filmkritiker Peter Körte in seiner Kurzbiografie *Hedy Lamarr. Die stumme Sirene.* Auf der Leinwand wie in der People-Presse war Hedy Lamarr eine Art menschgewordenes Marmorgesicht, mehr fürs Standfoto als fürs Bewegtbild geschaffen, das erste Schauspiel-Model mit Superstar-Status, zu einer Zeit, als es Supermodels noch gar nicht gab. Wäre sie heute noch einmal Anfang zwanzig, man könnte sich Hedy Lamarr unschwer als Chanel-Gesicht und Lagerfeld-Darling vorstellen.

An dem, was hinter der Marmorfassade lag, war im Hollywood der Weltkriegsjahre kaum ein Studioboss interessiert. Dabei war die private Hedy alles andere als eigenschaftslos. Sie war politisch interessiert, waghalsig und äußerst intelligent. Ihr Liebesleben war mindestens so atemberaubend wie ihre Karriere, sie hatte sechs Ehen, ungezählte Liebhaber und ein für damalige Zeiten außerordentlich aktives, genießerisches, selbstbewusstes Verhältnis zum Sex. Nebenbei malte sie regelmäßig, besaß eine enorme Kunstsammlung, jagte gern und gut, liebte Hunde und Hyazinthen, Schach und Poker, Bidets und Nacktbaden. Sie hatte jede Menge ruhmreiche Freunde. Im Übrigen dürfte sie einer von wenigen westlichen Stars sein, der in seiner Autobiografie behauptete, Adolf Hitler habe ihm die Hand geküsst, obwohl das nachweislich nie der Fall war.

Hedys erste Lebenshälfte verlief turbulent, nach hinten raus lief dann einiges schief. Irgendwann in ihren Mittdreißigern ließen die Studios sie fallen, so wie sie seit jeher Schauspielerinnen fallen lassen, die aufgrund ihres Sex-Appeals besetzt werden. „Die Selbstmordjahre" nannte Hedy Lamarr selbst diese Zeit, das Mitte-Dreißig-Alter für Leinwandgöttinnen, in ihrer Autobiografie. Die Doppelbödigkeit des Ruhms, das Abgründige des Superstardaseins verkörpert Hedy Lamarr wie kaum eine andere. Marilyn Monroe und Romy Schneider machten ihrem Leben ein Ende und sich so selbst unsterblich. Greta Garbo und Marlene Dietrich machten sich im Alter unsichtbar. Brigitte Bardot und Liz Taylor fanden ihr Heil im Tierschutz beziehungsweise in acht Ehen. Ingrid Bergman, Lauren Bacall und Grace Kelly wirkten in vielen unvergesslichen Filmen mit, bevor sie privatisierten. Sie alle haben ihren sicheren Platz im kollektiven Gedächtnis.

Hedy Lamarr ist heute – außer bei ein paar Cineasten, Wiener Lokalpatrioten oder Technik-Freaks – weitgehend vergessen. Von allen Göttinnen der Filmgeschichte ist sie am tiefsten gefallen, und unter den vergessenen Superstars ist sie die vielleicht schillerndste, vielschichtigste Figur. Was trieb Hedy Lamarr in so kurzer Zeit zu solchem Ruhm? Was machte sie derart unwiderstehlich? Wie lebte sie ihr wildes Jetset- und Liebesleben hinter den Kulissen? Wie ging all das in den Vierziger-, Fünfziger- und Sechzigerjahren zusammen mit ihrer Rolle als Mutter? Was trieb sie über Hollywood hinaus zum Erfinden, Malen, Nomadendasein, und was trieb sie derart ins Bodenlose? War sie am Ende zu schlau für Hollywood?

(...)

# How The West Was Won

– MAYER, LA MARR, ALGIERS, ALLÜREN –

**D**ie 1930er-Jahre waren das Jahrzehnt, in dem die glanzvollsten Ozeanriesen gebaut wurden, die es auf der Welt je gab, und die *Normandie* war ihr exklusivstes Exemplar. Äußerlich war der 313,58 Meter lange Dampfer aus Le Havre schon markant genug, mit einer schmalen, schwungvollen Flanke und Schornsteinen in Tropfenform. Als das Schiff 1935 vom Stapel lief, war es das größte, längste und schnellste aller Zeiten – gleich bei seiner Jungfernfahrt gewann es das Blaue Band für die schnellste Atlantikquerung. Vor allem aber der Innenbereich der *Normandie* war legendär: ein Statement an französischer Geschmackskultur, der Inbegriff schwimmenden Art décos. Es gab einen gewaltigen, lichtdurchfluteten Speisesaal mit Glassäulen und Deckenlampen von René Lalique, es gab formvollendete Türen und Wandbilder, eine holzgetäfelte Grande Allée sowie allenthalben Pagen in scharlachroten Uniformen. „Das ist der Eindruck, der alles prägt: Gold, Lalique-Glas und Scharlach", schrieb der britische Essayist Harold Nicolson. „Man kommt sich vor wie im Bühnenbild zu einem Ballett."

Innerhalb kürzester Zeit wurde die *Normandie* zum Lieblingsschiff der Hollywood-Prominenz. Hier traf man sich zur Überfahrt, hier ließ man sich blicken, hier hatte man Zeit, um in Ruhe über neue Trends, auslaufende Verträge oder die Stars von morgen nachzudenken und nebenbei französische Extravaganz zu genießen. Auch Louis B. Mayer pflegte hier mit Vorliebe Geschäfte zu machen. Auf der *Normandie* ergriff Hedwig Kiesler ihre Chance.

Bereits in ihrer Wiener Zeit hatte Hedy die Bekanntschaft des Film-Managers gemacht, der in Hollywood damals der mächtigste Mann war. Mayer, geboren als Eliezer Meir 1884 in Weißrussland, hatte das Filmstudio Metro-Goldwyn-Mayer seit Mitte der Zwanzigerjahre zum erfolgreichsten und profitabelsten unter den „Major

Studios" geformt, zwischen 1936 und 1947 galt er als bestverdienender Manager der Welt. Den Sommer 1934 verbrachte er in Europa, auf der Suche nach Talenten. Im August nahm er eine Einladung Max Reinhardts auf Schloss Leopoldskron in Salzburg an, das Reinhardt bereits 1918 erworben hatte und auf dem er bis zu seiner Enteignung 1938 durch die Nazis logierte.

Bei dem festlichen Dinner zu Ehren Mayers waren auch Hedy und Mandl zugegen. Gut möglich, dass Reinhardt das Treffen arrangiert hatte, um seinen schönsten Schützling dem amerikanischen Studioboss vorzustellen. Nach unbestätigten Angaben brachte der Impresario höchstselbst bei Tisch das Gespräch auf Hedys mögliche Karriere-Aussichten in Hollywood. Mayer, schon damals berühmt für sein konservatives Familienbild und sein Pochen auf „saubere Filme", antwortete demnach in aller Freundlichkeit, als Hollywood-Star sei Frau Mandl nach ihrem Nacktauftritt in *Ekstase* für ihn leider unvorstellbar. Die Moral in Amerika sei eben so. Und außerdem spreche Hedwig, so entzückend sie sei, ja nun mal kein Wort Englisch.

Zurückweisungen dieser Art stachelten Hedy seit jeher an – sie war es vom Umgang mit ihrem Vater gewohnt, dass sich selbst ein kategorisches Nein durchaus bearbeiten ließ. In London angekommen, suchte und bekam sie kurzerhand die Chance, Mayers Standhaftigkeit zu testen. Der Mogul weilte wieder in der Stadt. Er hatte es sich in diesen Jahren zur Gewohnheit gemacht, sommers in Europa vielversprechende Filmgesichter zu sichten und die besten nach Los Angeles zu lotsen (auch und gerade Juden auf der Flucht vor den Nazis). Stars wie Greta Garbo und Greer Garson, Regisseur Julien Duvivier (*Pépé le Moko*) und Drehbuchautor Walter Reisch (*Ninotschka*) landeten auf diese Weise in Hollywood.

Ein paar Tage nachdem Hedy im Hotel Regent Palace am Londoner Piccadilly Circus eingecheckt hatte, fädelte sie ein Treffen mit MGMs Talentscout Robert Ritchie ein. Er versprach, ihr zu helfen, und arrangierte tatsächlich ein Treffen mit Mayer im Claridge Hotel. Mayer empfing sie in seinem „Plüsch-Apartment", wie Hedy sich in *Ekstase und ich* erinnert. Seine Leute mixten ihr einen starken Highball-Cocktail, derweil Mayer, die Kappe verwegen seitlich auf dem Kopf sitzend und mit erloschener Zigarre in der Hand, sich vor ihr aufbaute und jenes Mantra wiederholte, das sie bereits von Schloss Leopoldskron her kannte: Sie sei ja durchaus entzückend, aber nach *Ekstase* könne er ihr keine Hoffnung auf Star-Ruhm in Übersee machen. „Ich nehme den Familienstandpunkt ein", ließ er sie durch seinen Übersetzer wissen. „Wir machen saubere Filme und sehen es gern, wenn unsere Stars einen sauberen Lebenswandel führen. Ich möchte nicht wissen, was die Leute über ein Mädchen denken würden, das mit nacktem Hintern über die Leinwand flitzt." Hedy ließ nicht locker.

In aller Ausführlichkeit setzte sie Mayer auseinander, sie sei bei *Ekstase* erst siebzehn gewesen und habe sich zu den Nacktszenen zwingen lassen. Nun brenne sie auf eine Chance, sich in Hollywood als gute Schauspielerin zu beweisen. Er möge ihr doch bitte diese Chance geben. Diese eine. Er werde es sicher nicht bereuen.

Mayer, ganz gewiefter Geschäftsmann, machte ihr ein Angebot: Wenn sie ihre Reise selbst bezahle, sei er bereit, sie unter Vertrag zu nehmen – für 125 Dollar die Woche. Er hatte sich verrechnet. Hedy hatte ihn angefleht, doch sie war eine stolze Frau voller Selbstvertrauen. Mayers Angebot empfand sie als demütigend. In radebrechendem Englisch erklärte sie, einen solch „billigen Vertrag" müsse sie ablehnen, und wandte sich zum Gehen. Mayer war erst überrascht, dann beeindruckt. „Sie haben Mut", sagte er, während er sie zum Ausgang seiner Hotelsuite geleitete. „Das gefällt mir. Und Sie haben einen größeren Busen, als ich dachte."

Beim Kaffee mit Talentscout Robert Ritchie befielen Hedy Zweifel. Hätte sie das Angebot nicht besser annehmen sollen? Vielleicht war und blieb es ihr einziges Ticket nach Hollywood. Sie überlegte, nachzuverhandeln. Das Problem war nur: Mr. Mayer würde sich anderntags mit der *Normandie* von Le Havre aus nach New York einschiffen. Ein paar Anrufe, und Hedy wusste, die *Normandie* war hoffnungslos ausgebucht. Robert Ritchie hatte die rettende Idee: Einer seiner Klienten, der vierzehnjährige Wundergeiger Grisha Goluboff, hatte gerade eine erfolgreiche Konzerttournee in Europa beendet und auf dem Schiff eine eigene Kabine gebucht. Hedy würde als seine Gouvernante mitreisen.

Der Plan ging auf. Am nächsten Morgen bestieg Hedy die Fähre von Portsmouth nach Le Havre und ging dort mit Grisha an Bord der *Normandie*. Sie hatte kaum Gepäck bei sich, dafür 900 Dollar in der Tasche. Ihre Juwelen hatte sie in London fast vollständig versetzt.

Schon kurz nach ihrer Ausfahrt hatte die *Normandie* Probleme mit der Schiffsschraube und musste zwecks Reparatur in den Hafen zurückkehren. Während die Arbeiten über Nacht andauerten, veranstaltete Mayer eine Schiffsparty für ausgesuchte Gäste. Grisha erschien mit Hedy im Schlepptau. Wie genau Hedy mit „L.B." (wie Mayer damals gemeinhin genannt wurde) ins Gespräch kam, ist nicht überliefert. Jedenfalls muss sie sehr überzeugende Argumente gehabt haben. Gegen Ende ihres ersten Abends auf der *Normandie* verließ Hedy die Party mit der Zusage Mayers für einen Sieben-Jahres-Vertrag bei einer Wochengage von 550 Dollar. Mayers einzige Bedingung: Sie müsse möglichst schnell Englisch lernen.

(…)

Hedy Lamarr ist der geheimnisvollste Mythos Hollywoods. Sie löste den größten Sexskandal der Filmgeschichte aus, eroberte die Traumfabrik im Sturm, galt als schönste Frau der Welt – und erfand nebenher die Grundlagen der heutigen Mobilfunktechnik. Das emotionale Porträt einer Leinwand-Göttin.

### HEDY DARLING
Hollywood-Ikone, Erfinderin, gefallener Stern – ein Leben wie ein Film, erzählt von ihrem Sohn

Autoren: Jochen Förster und Anthony Loder

Originalausgabe • Oktober 2012 • 224 Seiten • illustriert • mit zahlreichen Fotografien • durchgehend farbig • Hardcover mit Schutzumschlag • Leineneinband mit Prägung • fadengebunden • Lesebändchen

ISBN: 978-3-940138-25-5